KB163707

최면의 세계

차례
Contents

최면이란?

오늘날에는 많은 사람들이 최면에 대해 관심을 갖고 호기심을 보인다. 그렇지만 최면에 대해서 제대로 알거나 이해하는 사람들은 드물다. 오히려 최면에 대해서 두려워하거나 미신이나 마술과 같이 여기고 이상하게 생각하기도 한다.

그러나 최면을 제대로 알면 여러 면에서 많은 도움을 받을 수 있다. 최면은 병의 치료뿐만 아니라 성격 및 습관 교정, 학습과 스포츠 분야의 능률 향상, 자신감 고취, 자기 개발과 같은 목적을 위해서도 아주 유용하게 활용될 수 있다.

그러나 현실적으로는 최면을 접하거나 이용할 수 있는 기회는 적다. 대부분의 사람들은 책이나 영화, 텔레비전 프로그램에서 최면이 소개되는 것을 보기 때문에 최면을 정확하게 이해하기 어렵다. 그러나 알고 보면 최면은 멀리 있는 것이 아니라 우리들 가까이에 있으며, 우리는 의식하건 못하건 최면 속에서 살아간다고도 볼 수 있다.

만약 우리가 어떤 일에 몰입할 때, 그래서 시간 가는 줄을 모른다면 이미 최면을 경험하고 있다고 볼 수 있다. 또한 친구들과 재미있게 노느라 배고픈 줄도 모르는 아이들도 최면을 경험하고 있다고 할 수 있다. 영화나 텔레비전을 보거나 소설을 읽으면서 감동을 하고 눈물을 흘리는 사람 또한 최면을 경험하고 있다고 볼 수 있다. 이처럼 최면은 우리들 가까이에 있다. 그래서 조금만 더 관심을 갖고 보면 쉽게 최면을 배우고 활용할 수 있다.

사실 그동안 사람들은 최면을 막연하게 미신이나 비과학적인 것으로 오해를 했기 때문에 그것에 대해서 두려워하거나 이상한 것으로 생각해온 점이 많다. 그러나 최근에 와서 의사나 심리학자들이 최면을 학문적으로 연구하고 치료를 목적으로 하여 폭넓게 활용하는 사례가 늘어가고 있다.

그리고 특히 TV, 신문, 잡지 등의 언론매체에서도 최면의 세계를 소개하는 일이 많으며 컴퓨터 시대에 걸맞게 인터넷에서도 최면 관련 사이트들이 많이 등장하고 있다. 그래서 온라인과 오프라인에서도 최면유도를 위한 녹음 및 녹화 테이프를 비롯한 각종 도구 등의 최면 관련 상품들 또한 여러 가지로 개발되고 판매되는 모습을 보면 최면의 효용성이나 가치를 직접적·간접적으로 짐작할 수 있을 것이다.

일상생활에서의 최면적 경험

이제 일상생활 속에서 최면의 경험이 어느 정도 다양하고 많은지를 구체적으로 알아봄으로써 최면의 세계와 좀더 익숙해질 수 있는 계기를 갖고자 한다. 다음의 질문들을 잘 읽어보고 이와 비슷한 경험을 얼마나 해보았는지 생각해보고 체크하기 바란다.

1. 당신은 TV 프로그램, 영화, 연극과 같은 것을 보면서 그 내용에 몰입하느라 자기 자신이나 주변을 의식하지 못하는 일이 있습니까?
2. 대화 도중에 상대방이 '도대체 무슨 생각을 하느냐?'고 물을 정도로 다른 생각에 몰두할 때가 있습니까?
3. 관심 있는 다른 사람의 이야기를 듣거나 책을 읽을 때 깊이 빠져드는 일이 있습니까?
4. 빨간 신호등에 정지하여 신호대기를 하고 있을 때, 신호가 바뀐 것도 모르고 있다가 뒤에서 갑자기 울리는 차의 경적 소리 같은 것에 놀라거나 다른 차들이 앞서 진행하는 것을 보고 놀라는 일이 있습니까? 또는 보행 시에 횡단보도에서 빨간 불이 파란 불로 바뀐 것도 모르고 계속 서 있다가 다른 사람들이 건너는 것을 보고 놀라서 따라 건너는 일이 있습니까?
5. 과거에 이미 지나간 일인데도 마치 현실처럼 선명하게

기억되거나 회상되는 일이 있습니까?

6. 어떤 사람이 아주 유창하게 또는 분위기 있게 말을 잘 하면 쉽게 감동을 받는 일이 있습니까?

7. 다른 사람의 부탁을 잘 거절하지 못하고 나중에 후회하게 되는 일이 있습니까?

8. 책이나 영화 같은 것을 보고 나서 시계를 봤는데 생각했던 것보다 시간이 훨씬 많이 지났다는 것을 알고 당황하거나 놀라는 일이 있습니까?

9. 다른 사람이 당신에게 중요한 이야기를 했다고 하는데 당신 자신은 잘 기억하지 못하는 일이 있습니까?

10. 처음에는 모르고 있다가 후에 우연히 상처를 발견하고서야 다쳤다는 것을 아는 일이 있습니까?

11. 당신은 여행을 하다가 흔들리는 차창 밖을 바라보며 조는 일이 있습니까?

12. 어릴 때 할머니나 엄마의 자장가 소리를 들으면서 잠든 적이 있습니까?

위의 설문 내용을 읽어보면 정도 차이는 있지만 누구나 비슷하게 경험했음을 알게 될 것이다. 이 내용들 중에서 자신에게 해당하는 사항이 많을수록 최면에 걸릴 확률, 즉 최면감수성이 높다고 할 수 있다. 최면감수성이란 최면적 암시에 얼마나 민감한지를 말해주는 성향이다. 물론 정도 차이는 있지만 누구에게나 조금씩은 최면감수성이 있기 때문에 누구라도 최면에 걸릴 수 있는 가능성이 있다고 할 수 있다. 최면감수성에 대해서는 뒤에서 다시 한번 살펴보겠지만 여기서는 최면의 세계에 대해서 좀더 구체적으로 탐색하도록 하자.

효과적인 최면을 위한 전제조건

'모든 최면은 자기최면'이란 말이 있다. 보통 우리가 최면이라고 할 때는 다른 사람에게 '최면을 건다'고 하는 '타인최면'을 의미하지만, '자기최면'이란 것은 다른 사람의 도움 없이 스스로 최면을 유도함으로써 최면상태에 들어가는 것을 말한다. 그러나 타인최면의 경우라 하더라도 효과적인 최면을 위해서는 피최면자 스스로가 최면에 들어가겠다는 자발적인 동기와 의지, 즉 자기최면에 대한 욕구를 갖는 것이 필요하다. 그래서 '모든 최면은 자기최면'이라고 말할 수 있으며 어떠한 최면이든 반드시 자기최면적인 상태를 전제로 해야 한다.

물론 최면에서는 기본적으로 피최면자의 자발적인 의지와 함께 최면사와 피최면자의 라포(rapport)가 형성되어야 한다. 라포란 프랑스어로서 협조관계 또는 신뢰관계를 의미한다. 결국 최면이 제대로 이루어지기 위해서는 피최면자의 자발성과 함께 최면사와의 라포가 반드시 형성되어야 한다.

일상생활 속에서 자기도 모르게 경험하게 되는 수많은 자기최면의 상태가 무엇을 의미하는지를 알면 최면을 제대로 이해하는 데 도움이 될 것이다.

최면과 트랜스(trance)

한편 최면이란 말과 함께 많이 사용되는 용어가 바로 트랜스라는 말이다. 트랜스란 몽환(夢幻)이라는 말로 번역될 수 있는, 멍하고 몽롱한 상태 또는 흔히 비몽사몽(非夢似夢)이라고 표현되는 상태를 말한다. 엄마나 할머니가 아이의 등을 토닥토닥 두들기면서 자장가를 불러줄 때, 차창 밖으로 스쳐 지나가는 경치를 바라보며 여행을 할 때 쉽게 트랜스에 빠져든다.

이와 같은 일이 가능한 이유는 단조로운 자극이 지속적으로 반복되기 때문이다. 즉 자장가 노래 소리의 장단, 고저, 강약의 정도, 토닥토닥 두드림의 강도와 속도, 자동차나 기차가 달려갈 때의 속도나 흔들림, '칙칙폭폭'과 같은 소음의 크기나 리듬은 거의 일정하고 단조롭게 지속되는데 이런 모든 것은 쉽게 심신을 이완하게 하며 사람으로 하여금 몽롱한 트랜스 상태로 몰고 간다.

그러나 이러한 트랜스는 최면과 거의 비슷하면서도 차이가 있다. 그 차이는 구체적인 동기와 특정 목표 성취를 위한 암시라는 두 가지에서 나타난다. 즉 최면은 최면에 걸리겠다는 동기상태에서 특정의 목표를 달성하기 위하여 암시를 적용하는 상태라고 말할 수 있는데, 결과적으로 최면은 바라는 결과를 성취하도록 트랜스 상태를 활용하는 역할을 한다고 할 수 있다. 달리 말하면 최면이 되기 위해서는 기본적으로 트랜스 상태가 되어야 하며, 이 트랜스 상태에서 최면적 경험이나 치료가 이루어진다고 볼 수 있다.

최면의 특징

이제 최면과 최면현상이 어떤 것인지를 구체적으로 살펴보기로 하자.

무엇보다도 최면이란 암시가 강력하게 작용하는 마음의 상태, 즉 피암시상태라고 할 수 있다. 일반적으로 최면이란 일상적인 상황에서보다 암시가 더 강력하게 작용할 수 있는 마음의 상태를 의미한다. 최면에서는 비판적이며 분석적인 마음의 작용은 줄어들고 반대로 집중성이 높아지면서 특정한 주제에 대한 각성 정도가 더 높아지게 된다.

이러한 고도의 집중과 각성상태에서 주어지는 암시는 무의식의 마음에서 보다 쉽게 작용한다. 즉, 암시가 아주 잘 수용되고 강력한 힘으로 작용한다. 그래서 최면은 고도의 피암시상태라고 할 수 있다.

둘째로 최면은 몸과 마음이 최대로 이완된 상태라고 할 수 있다. 하루 중에서 몸과 마음이 가장 크게 이완되는 상태가 바로 잠잘 때라고 할 수 있다. 잠잘 때는 의식도 같이 잠이 든다. 그러나 최면에서는 잠들기 직전의 상태처럼 의식은 깨어있으면서도 몸과 마음이 최대로 이완된 상태가 지속된다. 그렇기 때문에 정신집중이 잘 될 수 있다.

이러한 점 때문에, 최면이라는 단어에서는 잠을 의미하는

'면'자가 들어가 있으며 최면을 의미하는 영어 'hypnosis'란 단어도 잠을 의미하는 말에서 만들어졌다는 것은 결코 우연이 아닌 것이다. 이처럼 최면이 잠과 관련되지만 최면상태가 된다고 하더라도 여전히 의식은 깨어있다는 사실을 명심해야 한다.

사실 사람들이 최면에 대해서 가장 크게 오해하는 것 중의 하나가 바로 이 점이다. 즉, 대부분의 사람들은 최면에 걸리면 의식은 없어지기 때문에 최면중에 무슨 일이 일어나고 또 어떤 행동을 하더라도 자신은 모를 것이라고 생각하는 경향이 있다. 만약 그것이 사실이라면 최면은 눈을 감고 귀를 막은 채로 영화를 보는 것과 다를 바가 없을 것이다. 세상에 눈을 감고 귀를 막은 채로 영화를 볼 사람이 없듯이 아무것도 모르는 가운데 최면이 이루어질 수는 없다. 다시 말해서 최면상태라 하더라도 의식은 깨어있기 때문에 마치 사람들이 영화관에서 옆 사람과 얘기를 하면서 영화를 볼 수 있듯이 최면상태에서 일어나는 일들과 주변 상황을 의식할 수 있다.

셋째로 최면은 고도의 집중상태이다. 이미 앞에서도 얘기했듯이 사람들은 일상생활 속에서 무의식중에 최면과 같은 트랜스 상태를 많이 경험하지만 그것이 최면상태와 유사하다는 것을 잘 인식하지 못한다. 예를 들면, 어떤 일에 집중하거나 몰두할 때 우리는 옆에서 누가 말을 걸어오거나 심지어 전화벨이 울려도 알지를 못한다. 이는 바로 최면과 같은 상태에 있었기 때문이라고 말할 수 있다. 그 집중상태에서 어떤 일을 한다면 아주 효과적이고도 능률적으로 잘 할 수 있을 것이다.

마지막으로 최면은 믿음의 상태이다. 어린 아이가 배가 아프다고 울면 할머니는 아이의 배를 쓰다듬으면서 곧 나을 것이라고 말한다. 아이는 할머니의 따뜻한 손을 통해서 사랑을 느끼고 그 손이 자기를 낫게 해줄 것이라고 믿으면서 이완을 경험하는 가운데 곧 통증에서 벗어나는 경험을 하게 된다.

아이를 키우다 보면 흔히 있을 수 있는 이런 경험들은 따지고 보면 최면의 원형이라고 할 수 있을 것이다. 가짜약이라도 그 약을 먹으면 낫는다고 믿을 때 치료의 효과를 발휘하는 '위약효과(僞藥效果, placebo effect)'의 경우에도 믿음에 근거한 최면의 효과가 작용한다고 하겠다. 그러므로 최면은 곧 믿음의 상태라고 할 수 있다.

믿음에 대해서 말한다면 라포 형성에 대해서 다시 생각해 보게 된다. 앞에서 라포를 신뢰관계라고 했는데 그것은 결국 믿음을 전제로 한다. 이러한 라포 형성이 최면의 전제조건이라고 했으니 결국 최면은 믿음의 상태라고 할 수 있을 것이다.

최면은 미신인가?

앞에서도 언급하였듯이 사람들은 최면에 대한 많은 호기심을 갖고 관심을 보이지만 실제로 최면을 접할 수 있는 경우가 적기 때문에 최면에 대해서 잘못 알고 있는 부분이 많다. 특히 TV를 비롯한 대중매체에서 최면을 오락 및 호기심의 차원에서 취급하는 경향이 많기 때문에 최면에 대한 선입관을 갖기가 쉽다. 여기서는 그러한 최면에 대한 잘못된 선입관에 대해서 생각해보도록 하겠다.

최면에 대한 부정적 선입관

사실 대중매체들은 제한된 시간이나 지면의 한계 내에서

일반인들의 호기심을 자극하고 오락적 흥미를 제공하기 위하여 최면의 신비성을 부각시키고 극적인 상황 연출에 초점을 맞추게 되는데 이 과정에서 최면의 정확한 본질이 제대로 그려지거나 소개되기가 어렵다. 그리고 많은 경우에는 최면이 진실된 모습이 아닌 피상적인 모습으로 그려짐으로써 일반인들은 최면 자체에 대해서 왜곡하거나 이상하게 바라보는 현상이 생기게 된다.

최면은 그 자체의 독특한 속성 때문에 오랫동안 미신 또는 비과학적인 것으로 비추어졌고 학문으로서 가치가 없는 것으로 오해를 받아왔다. 특히 사람들이 최면을 '최면술'이라고 부름으로써 명칭이 갖고 있는 '술'자의 뉘앙스와 이미지 때문에 더욱 그렇게 인식되어온 경향이 있다. 그래서 필자는 사람들에게 기회가 있을 때마다 그냥 최면이라고 하거나 최면법이라고 부르되 '최면술'이라고 부르지 말기를 권하고 있다.

오늘날 최면은 일반인의 부정적인 인식에도 불구하고 서양을 비롯한 선진국에서는 의학과 심리학, 교육학 분야에서 학문적인 연구 대상이 된 지 오래며 치료적 수단으로서도 당당히 자리매김하고 있으며 학문적 가치에 대해서도 부정할 수는 없다. 다만 일반인들의 선입관과 고정관념의 벽이 두껍고, 전문가의 수가 부족한 관계로 현실적으로 최면에 대해서 제대로 접근하기 어려운 상황임을 인정할 수밖에 없다.

최면을 이해하기 위해서는 먼저 다음과 같은 몇 가지를 검토해볼 필요가 있을 것 같다.

과학으로서의 최면

　오늘날 최면은 학문적인 차원에서 과학으로 인정되고 있다. 그래서 구미 선진국에서는 정규 의과대학이나 심리학과 등에서 타당한 치료법으로 교육되고 있을 뿐만 아니라 최면에 대한 과학적 실험 연구가 다양하게 이루어지고 있으며, 관련 학회의 활동 또한 활발하게 이루어지고 있다.

　특히, 1960년대를 전후하여 미국과 유럽 등지의 의학계와 심리학계에서 이루어진 최면에 대한 연구가 대표적이다. 영국에서는 1955년, 미국에서는 1958년에 의학계로부터 각각 치료적 가치를 인정받은 최면은 1960년에 와서 미국의 심리학계에서도 받아들여지게 되었다. 그리고 그 이전인 1950년대를 전후한 시기에는 미국에서 최면 관련 전문 학회 및 단체가 발족하여 전문적인 최면 연구를 위한 분위기가 조성되었다.

메즈머 초상화.

　최면 자체의 역사를 따지자면 약 5천여 년 이전인 고대 이집트, 그리스 시대까지 거슬러 올라갈 수 있지만 현대적인 의미에서의 최면의 역사는 약 200여 년 전인 18세기에 오스트리아의 정신과 의사였던 메즈머(Franz Anton Mesmer)로부터 시작되었다고 할 수 있다.

그리고 최면에 대한 과학적 실험의 역사가 19세기에 시작되었다고 볼 때 그 역사는 결코 짧지 않다. 또한 1930년대에는 미국의 심리학자 헐(Hull)의 엄격한 통제 하에 최면 실험이 이루어짐으로써 과학으로서의 최면은 보다 굳건한 토대를 구축할 수 있었다.

20세기 이전까지 유럽 지역에서 번창하던 최면의 역사는 뒤에서 설명되듯이, 프로이트가 자신의 심리치료 체계인 정신분석학을 개발하면서 최면을 거부하였기 때문에 일시적으로 쇠퇴하는 곡절을 겪기도 했다. 하지만 20세기의 두 번에 걸친 세계대전의 영향으로 최면은 다시 부흥기를 맞아 오늘날까지 다양한 분야에서 학문적으로 연구될 뿐만 아니라 치료적 목적과 삶의 질을 높이는 실질적인 방향에서 크게 활용되고 있다.

사실, 최면과 최면치료는 과학과 이성적 차원에서 제대로 설명하거나 검증하기 어려운 무의식적 현상을 취급하기에, 과학성의 차원에서 부분적으로 논란의 여지가 있는 것도 사실이다. 그래서 오직 객관성과 합리성의 차원에서만 생각하는 사람들은 최면을 잘 수용하지 않으려 하고 있다.

그럼에도 불구하고 최면은 지금까지의 '이상한 마술과 같은 것'이라는 시각에서 벗어나서 타당한 치료기법으로서, 인간의 삶의 질에 기여할 수 있는 당당한 심리학의 주제로서, 홀

룽한 교육적 수단으로서 제대로 연구되고 활용될 필요가 있음
을 인식해야 한다.

프로이트 이전과 이후의 최면

19세기 후반에 오스트리아의 정신과 의사였던 프로이트는
당시의 세계 최고의 최면전문가였던 프랑스의 신경생리학자
샤르꼬(Jean Martin Charcot)로부터 최면을 배운 후에 최면 연
구 및 치료를 시도했다. 이 과정에서 카타르시스(catharsis)라고
불리는 감정정화법의 치료적 가치, 무의식의 존재와 그것의
병리학적 중요성에 대해서 인식하게 되었다.

그러나 그는 나중에 최면을 버리고 자신이 개발한 정신분석
학을 위주로 하는 심리치료의 시대를 열었는데, 이것을 계기로
유럽에서의 최면은 빛을 잃게 되었다. 이처럼 프로이트가 심
리치료의 역사에서는 선구자, 최면의 역사에서는 쇠퇴기를 건

샤르꼬의 최면장면.

게 한 장본인으로 여겨진
다는 것은 아이러닉한 현
상이다.

프로이트가 최면을 그
만 둔 이유로는 여러 가지
가 지적되고 있으나 대체
적으로 그가 '최면에 능숙
하지 못했다'거나 '최면으

정신분석학의 창시자 프로이트.

로써 치료적 효과를 크게 보지 못했다'는 점이 공통적으로 거
론되고 있다. 어쨌든 그는 최면에 대한 흥미를 잃게 되었고 대
신에 무의식의 원리에 기초하여 정신분석학을 개발하였다. 이
후 정신분석학은 서양 심리학과 정신의학 분야에서 새로운 심
리치료 시대를 열어가는 혁명적인 것으로 인식되었다.

그러나 최면이 표면적으로 크게 드러나지는 않았고 대중적
으로도 큰 관심을 받지 못했을지 모르지만 학문적인 연구 대
상으로는 꾸준한 관심을 받고 있었다. 그 예로서 전문 심리학
자들에 의해 연구되었다는 점을 꼽을 수 있다. 그 중의 대표적
인 사람들이 바로 앞에서 소개된 심리학자인 헐과 힐가드
(Hilgard)였다.

헐은 미국 예일 대학교의 심리학 교수였는데, 1930년대 초
에 최면에 대한 체계적인 연구를 시작하였다. 그는 10년간 최
면 연구에 헌신하여 많은 최면 관련 논문과 책을 저술하였다.
그는 이 시기에 최면의 본질을 파악하기 위하여 엄격하게 통

제된 최면실험을 시도하였는데 이 과정에서 최면과학의 정립에 크게 기여하였다. 특히 그의 실험정신은 최면 분야에서 표준화되고 객관적인 실험절차에 의한 최면실험 전통의 기초를 다졌다.

한편 또 다른 유명한 심리학자로서 힐가드를 꼽을 수 있다. 그는 1949년에 미국심리학회의 회장을 역임하였고 스탠퍼드 대학교 심리학과 교수로서 탁월한 업적을 쌓았다. 그는 1957년에 최면 연구를 위한 실험실을 만들어 이때부터 오랜 기간 동안 같은 대학교의 정신과 의사요, 교수였던 부인 조세핀과 함께 최면 연구에 몰두하여 수백 편의 최면 관련 논문과 다수의 저서를 발표하였다.

대체의학으로서의 최면치료

최면치료가 갖는 보편적인 성격과 가치는 단순한 치료의 측면을 뛰어넘어, '몸-마음-영의 온전한 건강'을 추구하는 데 있다고 할 수 있다. 이 개념은 총체적이고 전일적인 건강의 개념으로서 몸과 마음은 별개가 아니라 하나라는 사실을 보여주고 있다.

그런데 최면과 최면치료는 그런 총체적이고 전일적인 건강과 치료의 차원에서 이해될 수 있다. 왜냐하면 최면의 세계 속에서 마음의 작용은 직접적으로 신체적 조건에 연결되며 영향을 미치기 때문이다. 그렇기에 심리적인 원인에 의해서 신체적 건강상태는 직접적으로 영향을 받게 된다. 최면치료는 결국 마음의 세계, 무의식의 세계를 직접 다룸으로써 심리뿐만 아니라 신체적 질병까지도 치료하고자 한다.

전통적으로 서양의학에서는 심신이원론의 입장에서 몸과 마음을 별개로 보았기에 치료도 별개의 차원에서 이루어졌다. 그러나 동양의학에서는 심신일원론의 입장에서 두 개를 하나라고 생각하고 또 치료도 같은 차원이었다. 그리고 오늘날 동서양을 막론하고 전통적 서양의학에 대한 대안으로서 대체의학이 발달하고 있는데 여기서도 심신일원론이 지지되고 있다. 그러므로 동양의학이나 대체의학은 공통적으로 총체적이고 전일적인 차원에서 이루어진다.

원래 서양의학은 신체로 나타나는 증상으로만 파악하기 때문에 증상 제거 차원에서 신체에 직접 처치를 가하는 물리적 치료 위주다. 이에 비해 대체의학은 증상이란 단지 몸뿐만 아니라 마음의 조화와 균형이 무너짐으로써 건강이 파괴되었음을 나타내주는 하나의 표시에 불과하므로 몸과 마음의 균형을 회복시키고자 하는 접근이라고 할 수 있다. 이를 위해서 인체가 원래부터 갖고 있는 자연치유력을 회복시키고자 하는데 이 과정에서 다양한 물리적인 방법도 활용되지만 무엇보다도 마음을 다스리는 것을 중요하게 여기는 것이다.

대체의학에 포함될 수 있는 것에는 다양한 방법들이 있지만 최면치료도 그 중의 하나가 됨은 물론이다. 실제로 캐나다의 의학계에서 일반인들을 대상으로 실시한 대체의학에 관한 조사에 의하면 침술 및 척추교정 요법과 함께 가장 유용한 것으로 최면을 인식하고 있는 것으로 나타났다는 사실을 통해 볼 때, 서구에서도 대체의학의 하나로 최면을 유용하게 여기고 있음을 짐작할 수 있다.

무의식의 의미와 기능

최면이란 기본적으로 무의식의 능력을 활용하는 것이기에 최면을 이해하기 위해서는 먼저 무의식의 성격이나 특징을 이해하는 것이 도움된다.

무의식은 영어의 unconsciousness를 번역한 말인데 이는 un-con-scious-ness의 합성어로서 곧 '의식이 없는 상태' 또는 '인사불성'의 상태를 의미할 수가 있다. 의식이 없다는 것은 곧 '죽은 상태'를 말할 수도 있다는 뜻에서 최면치료 분야에서는 무의식이라는 개념보다는 '잠재의식'이라는 말을 쓰는 경향이 있다. 영어에서의 잠재의식은 sub-conscious-ness의 합성어로서 문자 그대로 '의식의 밑에 있는 또 다른 세계'라는 의미에서 '하부의식'이라고 부르는 사람도 있으나, 이 두개의 용어들을 같은 의미로 보아도 좋을 것이다. 이에 대해서는 뒤에서 좀더 구체적으로 설명하도록 하겠다.

의식은 마음의 세계 중에서 대략 10%에 해당한다고 설명된다. 프로이트의 말에 따를 때, 마음을 빙산으로 비유한다면 의식은 '빙산의 일각'이라고 할 수 있다. 이 의식은 어떤 순간에 우리가 알거나 느낄 수 있는 모든 경험과 감각을 포함한다. 프로이트에 따르면 인간의 정신생활 중에서 극히 일부분만이 의식의 범위에 포함된다고 할 수 있는데, 그 예로 사고·지각·느낌·기억 등을 꼽을 수 있다.

그런데 우리가 어떤 한 순간에 경험하는 의식의 내용은 외부적인 요인—예를 들면 도덕, 윤리, 문화—에 의해 주로 규제되는 선택적인 여과과정에 따라서 결정된다. 뿐만 아니라 이러한 경험들도 잠시 동안만 의식될 뿐 다른 곳으로 관심을 바꾸면 그 기억들은 전의식이나 무의식의 세계로 사라져버리게 된다. 그러므로 의식은 마음의 작은 부분만을 나타낸다고 할 수 있다. 이러한 의식은 분석, 사고, 계획, 단기기억과 같은 기능을 수행하며 논리성, 합리성과 같은 성격을 띤다.

과거 기억의 저장소

무의식은 인간 마음의 약 90%에 해당하는 것으로서 무엇보다도 거대한 녹음(또는 녹화) 테이프와도 같다. 왜냐하면 그것은 생후의 모든 경험들을 다 기록하여 기억의 형태로 간직

하고 있기 때문이다. 인간이 자신의 모든 경험을 다 기억하지 못한다는 사실은 자명한 일이다.

앞에서 설명했듯이 굳이 외부적인 규제 때문에 억압을 해서가 아니라도 우리의 의식 차원의 기억에는 한계가 있기 때문에 실제로 바로 조금 전에 했던 일이나 경험도 때로는 기억을 못하는 수가 있다. 그렇게 본다면 어릴 때, 특히 5, 6세 이전의 기억을 떠올린다는 것은 쉽지가 않다. 독자들 중의 그 누가 과연 자신의 첫돌 때의 경험을 떠올릴 수 있을까? 물론 아무도 그렇게 할 수가 없을 것이다. 그러나 우리의 무의식은 모든 것을 기억하고 적절한 조건이 갖추어질 때 그 기억을 떠올릴 수가 있다.

결국 무의식은 컴퓨터, 기억은행과 같은 것으로 생각될 수 있다. 이곳에는 우리가 과거에 보았거나 들었거나 경험했던 모든 정보와 기억들이 저장되어 있다. 일반적으로 뇌가 다치는 일을 제외하고는 어떠한 기억들도 삭제될 수 없다. 다만 망각되고 기억되지 않을 뿐이다. 그러나 최면을 통해서는 무의식에 저장된 과거의 기억들을 복구하는 것이 가능하다. 물론 경우에 따라 자기보호를 위한 무의식적 동기로 인해 일부의 기억내용이 숨겨지거나 은폐될 수는 있을 것이다.

시·공간의 초월

최면상태에서의 무의식은 시간과 공간을 초월하여 우리로

하여금 어느 곳 어느 때라도 갈 수 있게 한다. 그래서 앞의 예에서처럼 한순간에 우리는 첫돌 때의 시간으로 되돌아가서 그 때의 경험을 그대로 재경험할 수 있게 된다. 뿐만 아니라 지금 당장 다른 지역의 풍경이나 사람들을 떠올리고 마치 현재 그쪽에 가 있는 것처럼 또는 다른 사람들을 만나고 있는 것 같은 경험을 할 수 있게 한다.

이는 결국 무의식이 갖고 있는 기억은 우리로 하여금 시간과 공간을 초월하여 과거의 경험을 다시 경험할 수 있게 하는 것이라고 하겠다. 즉 최면 속에서 무의식의 기억들은 그것이 아무리 오래되거나 먼 곳에 있는 것이라도 마치 '현재-이곳(here and now)'에서의 일인 것처럼 재경험될 수 있게 한다.

생명활동의 주관

한편 무의식은 실제로 우리가 의식하지 못하는 가운데 몸과 마음을 주관한다. 특히 그것은 생물학적·생리적 생명활동에 관계하는데, 예컨대 심장은 우리가 전혀 의식하지 못하는 가운데 1분간에 일정한 횟수의 비율로 움직이도록 할 뿐만 아니라 폐의 호흡작용이나 위장의 소화작용 등에 작용을 하여 일정한 속도와 비율로 생명활동이 지속될 수 있도록 관여한다. 뿐만 아니라 무의식은 우리가 식사를 하는 동안에도 입을 벌리고 씹는 행위와 같은 근육의 움직임을 통제하기도 한다.

결과적으로 무의식은 소화, 호흡, 심장박동, 체온 조절 등과 같은 생명활동, 즉 불수의적 기능을 통제한다. 이러한 일들은 결코 의식하지 못하는 가운데 이루어진다. 잘 알려진 대로 불안, 스트레스, 긴장과 같은 것은 그러한 기능에 부정적인 영향을 미친다. 이렇게 생긴 질병은 정신신체적(psychosomatic) 질병 또는 심인성 장애 등으로 불린다. 이러한 무의식의 세계에 접촉할 수 있는 방법이 바로 최면이다. 그러므로 최면을 통해 신체적 불수의 기능들은 정상을 찾을 수 있고 심인성 질병을 치료할 수 있다는 것은 당연한 일일 것이다.

학습활동에의 영향

무의식은 또한 새로운 기술을 배울 때도 작용한다. 자동차 운전을 배우거나 새로운 악기연주법을 배울 때 처음에는 의식적인 노력을 통하여 하나하나의 기술을 연습하고 익히지만 어느 정도의 단계가 지나면 그것에 대하여 의식을 하지 않더라도 자동적으로 기술이 몸에 배여 자연스레 활용이 된다.

그래서 실제로 자동차 운전을 하거나 악기를 연주하고 기계를 조작하는 사람들은 그 조작법을 일일이 생각하거나 의식하지 않는다. '자동화된 동작'과 자연스런 손놀림으로 기계나 도구를 만지게 된다. 그러나 초보자들은 아직 숙달되지 않았기에 어색하고 부자연스럽게 움직인다. 그러다가 조금씩 숙달될수록 자기가 하는 일에 대해서 크게 의식을 하지 않아도 잘 해내게 된다.

직관적 기능

무의식은 오감을 통해 작용하지만 동시에 우리로 하여금 오감 이상의 감각기능을 발휘하여 오감으로 지각할 수 없는 세계도 접촉할 수 있게 해준다. 그것을 곧 직관 또는 직감(insight), 영감(inspiration), 육감(sixth sense)이라고 할 수 있다. 이것은 의식이 도달할 수 없는 영역이지만 오히려 무의식은 쉽게 접촉이 가능하다. 그래서 무의식이 발달하면 영감과 육감이 발달하여 통찰력을 발휘함으로써 다른 사람의 마음이나 잘 알지 못하는 현상에 대해서도 알아맞히게 된다.

아울러 예지능력(precognition)도 발휘되어 미래의 일을 눈에 보듯이 알아맞히게 된다. 예로부터 천리안이니 독심술이라는 것도 결국은 무의식의 능력이 발휘되어 이루어지는 초상(超常)현상이라고 할 수 있다. 많은 예술가들이 이러한 능력을 발휘하여 예술작품을 만들어낼 뿐만 아니라 발명가가 발명을 하며 학자가 새로운 이론을 만들어 내기도 한다. 그리고 좀더 고차원적으로 신(神)이나 초월자 또는 절대자와의 종교적이거나 영적인 차원에서의 영교(靈交)가 이루어지는 세계도 바로 무의식이라고 할 수 있다.

또한 텔레파시(telepathy)라는 것도 따지고 보면 그러한 무의식이 작용하여 일어나는 현상이라고 할 수 있다. 예를 들어 오랫동안 만나지 못한 친구를 생각했는데 그로부터 뜻하지 않게 전화나 편지가 왔다거나 우연히 그를 만나게 되는 일 등에서 우리는 텔레파시의 작용을 경험할 수 있는 것이다.

이와 비슷한 예로 누구에게 전화를 걸었는데 통화중이어서 나중에 다시 통화를 하면서 우연히 그 상대방도 자기에게 통화하려고 했고 그래서 조금 전의 통화 중 신호는 결국 서로가 동시에 전화하고자 하여 생긴 현상이라는 것을 알게 되어 놀라는 일이 있다.

오랜 친구에게 정말 오랜만에 편지를 썼는데 며칠 후에 그 친구로부터 편지를 받곤 생각보다 빨리 답장이 왔다고 생각하며 이상히 여기면서 반갑게 편지를 읽어 본 결과 결국 서로가 같은 날, 같은 시각에 편지를 써서 부쳤다는 사실을 알고 크게 놀라는 수가 있다. 이 역시 우연의 일치일 수도 있지만 분명히 텔레파시 현상이라고도 볼 수 있다.

이렇게 본다면 우리 속담의 "호랑이도 제 말하면 온다"는 말도 결국은 텔레파시 현상을 간접적으로 말해주는 것이 아닐까 생각된다. 우연의 일치일 수도 있지만 텔레파시가 작용하여 그렇게 되었을 수도 있다.

초능력적 현상의 관장

위에서 말한 텔레파시와 같은 능력은 초능력이라고도 말해진다. 그러므로 무의식은 초능력이라고 생각되는 많은 초월현상들과도 관계되는데, 그 중의 좋은 예가 참선·요가·기공·단전호흡·명상수련과 같은 방법을 통해 병이 치료되고 기적 같은 일(공중부양, 투시력, 천리안과 같은)을 경험하는 것이다.

무의식은 물질에 영향을 미치기도 한다. 염력(念力, psycho-kinesis)이란 것도 따지고 보면 바로 무의식이 물질에 영향을 미치는 좋은 예라고 할 수 있다. 이것은 현대물리학, 특히 아인슈타인의 상대성이론이 발표된 이후에 과학계에서도 인정받는 사실이기도 한데, 이로써 과거의 전통적인 물질관은 근본적인 변화를 맞게 되었다.

특히 양자역학이라는 물리학의 발전과 더불어 물질은 고체라고 생각되던 종래의 물질관이 수정되어 오늘날에는 에너지의 흐름이나 파동현상으로 이해되고 있다. 따라서 이 에너지의 흐름이 바뀌면 물질은 변화될 수 있다고 여겨지게 되었다. 이러한 사실은 불교에서 이미 '색즉시공, 공즉시색(色卽是空, 空卽是色)'이란 말로 잘 설명하고 있다.

결과적으로 아무리 딱딱한 고체덩어리도 그 자체가 에너지덩어리이기 때문에 그 에너지에 영향을 미치게 되면 물질이 파괴되거나 움직이고 변형이 일어나게 된다는 것은 당연한 이치이다. 결국 염력이란 이러한 원리 하에 마음, 즉 무의식의 힘이 물질의 에너지에 영향을 미쳐 그 물질을 움직이는 것이라고 할 수 있는 것이다. 이러한 논리를 확대하면 무의식의 힘으로 인간의 질병도 고칠 수 있게 되는 것이다.

정서적 기능

최면은 무의식을 활성화시키는 것이기 때문에 최면의 능력은 무궁무진하다고 해야 할 것이다. 최면을 통해 활성화되는 무의식은 오늘날 크게 관심의 대상이 되고 있는 우뇌활성법과 감성지능(EQ, Emotional Quotient)의 개발과도 관계된다.

인간의 뇌는 좌뇌와 우뇌로 구성되는데 좌뇌는 분석적이고 계산적인, 그리고 논리적이며 합리적인 의식 부분과 관계되지만 우뇌는 통합적이고 감성적이며 직관적인 성격을 갖고 있기에 무의식과 관계된다고 할 수 있다. 또한 우뇌에는 무의식적인 기억들이 기록되어 있기도 하다. 그러한 우뇌의 특성은 또한 EQ의 특징이기도 하기 때문에 무의식에 관심을 갖는다는 것은 결국 우뇌의 활성화와 EQ의 개발과 직결된다고 할 수 있다.

한편 무의식은 모든 정서적 내용을 포함한다. 그리고 그 정서는 이성보다 더욱 강한 힘을 갖고 있으며, 특히 부정적인 정서가 오랫동안 해소되지 않고 누적이 되면 병의 원인이 되기도 한다. 그러므로 최면을 통하여 문제나 질병을 유발하는 부정적인 정서적 내용을 확인하고 처리하면 치료적 효과를 얻을 수 있는 것이다.

긍정적 변화를 위한 에너지원

무의식에는 상상력을 활용할 수 있는 능력이 포함되어 있다. 이 점을 생각할 때 걱정이란 단지 부정적인 상상의 산물이란 것을 알 수 있다. 최면 속에서는 상상력을 활용하여 치료를 포함하는 긍정적인 변화가 일어나도록 할 수 있다.

무의식을 통하여 동기가 유발되기도 한다. 동기는 식사를 통하여 생성된 신체적·정서적 에너지의 방향을 결정짓는다. 예를 들어 담배를 끊겠다고 결심했다면 그 결심은 의식의 차원에서 이루어졌다. 이때 무의식이 그 결심을 실행할 수 있는 에너지를 방출하지 않는다면 결심은 실행될 수가 없다. 그래서 다시 담배를 피거나 담배 피는 행동에 대체되는 다른 행동, 즉 군것질이나 마시는 행동을 할 것이다. 그러나 최면 속에서 무의식은 우리가 목표를 달성할 수 있도록 긍정적인 방향으로 에너지를 공급한다.

이상과 같이 볼 때 최면을 신비한 주술 차원에서 생각하고 이상한 눈으로 본다는 것은 일반인의 오해에 불과한 것이라고 할 수 있다. 그러므로 최면의 원리와 기법은 굳이 치료나 상담의 차원에서가 아니라도 교육의 차원, 특별히 인성교육과 잠재력개발, 창의성개발이라는 측면에서 활용할 가치가 많다는 것을 알 수 있다.

최면의 종류

최면의 종류는 그 분류 기준이 무엇이냐에 따라 여러 가지로 나누어질 수 있다. 우선, 최면을 목적에 따라 구분하면 무대최면과 임상최면, 교육최면 등으로 나눌 수 있다. 여기서 특히 임상최면이란 치료를 목적으로 하는 것으로서, 이것은 다시 전통적 최면과 에릭슨 최면으로 구분할 수 있다. 그리고 최면의 대상자가 누구냐에 따라 타인최면과 자기최면으로 구분할 수 있다.

무대최면

무대최면은 일명 '최면쇼'라고도 하는데, 일반적으로 사람들

쇼 최면의 한 장면.

이 최면에 대해서 가장 쉽게 접하게 되는 것이 바로 이 무대최면이다. 이것은 최면사가 무대 위에서 마술이나 쇼와 같은 형태로 최면의 신비함을 보여주는 것으로, 흥행을 목적으로 하

무대최면의 한 장면과 무대최면에서 흔히 사용되는 인교법(人巧法).

여 흥미와 즐거움을 위주로 실시하는 것이 보통이다.

무대최면의 장점은 일반인들에게 최면의 세계를 쉽게 소개할 수 있다는 점과 아울러 정신세계 또는 잠재의식 세계의 무한한 가능성을 보여줌으로써 그들에게 최면을 통한 정신력으로 무엇이든 할 수 있다는 믿음과 자신감을 심어줄 수 있다는 점이다. 다시 말해서 보다 많은 사람들에게 정신력의 무한한 가능성을 쉽게 알려줄 수 있다는 것이다.

그러나 무대최면은 이러한 장점에도 불구하고 제한된 시간에 무대공연의 형식으로 이루어짐으로써 일반인들에게 최면의 진정한 본질을 제대로 알리지 못하고 있다. 그리고 쇼 차원에서 이루어지는 최면을 본 사람들에게 최면 자체에 대한 잘못된 선입관이나 오해를 일으킬 가능성이 크다는 단점도 있다. 실제로 대부분의 사람들이 최면에 대해서 알거나 접하게 되는 통로가 바로 TV 등에서 방영되는 무대최면이라고 하겠는데 그들이 갖고 있는 최면에 대한 인식이 거의 잘못되어 있는 것을 보면 무대최면의 한계를 잘 짐작할 수 있을 것이다.

전통적 최면

앞에서도 언급했듯이 임상최면이란 문자 그대로 치료를 목적으로 하는 최면을 말한다. 그러니까 이것은 심리적 문제나 신체적 질병과 같은 것을 치료할 목적으로 이루어지는 최면치료를 지칭한다. 그런데 일반적으로 사람들이 최면치료라고 할 때 그것은 '전통적 최면' 또는 '고전적 최면'을 말한다. 즉 전통적 최면이란 일반인들이 생각하는 최면의 전형이다.

이것은 치료자가 내담자에게 눈을 감긴 상태에서 권위적·직접적·지시적인 언어로 최면을 거는 형태이다. 이 경우에 피최면자는 치료자로부터 유도받는 대로 반응을 하고 무의식을 떠올리게 된다. 최면에서는 전통적으로 이러한 치료자 위주의 지시적인 방법을 사용하기에 고전적 최면이라고도 불린다.

에릭슨 최면

임상최면에서 전통적 최면과는 구별되는 에릭슨 최면은 '간접적 최면' 또는 '비지시적 최면'으로도 불린다. 이것은 정신과 의사이자 심리학자인 미국의 밀턴 에릭슨(Milton Erickson) 박사에 의해 개발되었다. 에릭슨은 20세기 세계 최고의 최면치료 전문가로 이름을 떨치면서 그만의 독특한 최면법을 사용하여 치료적 효과를 크게 거둘 수 있었다. 에릭슨이 즐겨 사용한 최면의 방법은 전통적 방법과 크게 달랐고 후세에 큰 영향을 미쳤기에 최면 역사에 새로운 명칭으로 자리잡게 되었다.

에릭슨 최면은 환자 또는 피최면자 위주로 이루어진다는 특징이 있다. 즉, 치료자는 환자가 갖고 있는 기본적인 자료나 상태를 근거로 대화를 하는데, 이때 환자는 그 대화에 응하면서 자연적으로 트랜스 상태로 유도되기에 일종의 '자연적 최면법'이라고도 할 수 있다.

아울러 이것은 처음부터 눈을 감고 권위적인 최면사의 지시를 듣는 것으로 시작되는 전통적 최면법과는 달리 일상의 대화나 의사소통 과정에서 내담자가 자연스럽게 몰입함으로써 트랜스 상태로 끌려들어가는 식으로 이루어지기 때문에 '비지시적 최면법' 또는 '간접적 최면법'이라고 불린다. 그렇기에 에릭슨 최면에서는 효과적인 '최면적 의사소통'을 중시한다.

이러한 에릭슨 최면법의 원리는 1970년대 중반에 미국에서 개발된 NLP, 즉 신경-언어프로그래밍(Neuro-Linguistic Programming)의 기초가 되었다. 그래서 NLP는 곧 에릭슨 최면법을 응용한 또 다른 최면적 방법으로 이해되고 있다.

타인최면

타인최면이란 타인에게 실시하는 최면을 총칭하는 것이다.

그러니까 최면사나 최면치료자가 다른 내담자나 환자를 대상으로 실시하는 모든 최면을 말하는데, 일반적으로 최면치료라고 칭하는 것이 타인최면을 의미한다. 이것은 기본적으로 타인의 치료나 긍정적 변화를 도모하기 위하여 실시되는 것이다. 그러므로 치료적 효과를 위해서는 유능한 치료자로부터 도움을 받아야 할 것이다.

타인최면이 활용되는 가장 대표적인 예는 정신과의사나 심리치료가에 의한 심리치료 분야이다. 정신적인 장애를 치료하기 위한 방법으로 최면치료가 가장 크게 사용되며 전통적으로 이 부분이 최면치료의 전형이었다. 그러나 오늘날은 심리치료 차원에서 뿐만 아니라 다른 의료 분야에서도 활용된다. 예를 들어 치과나 외과에서 치료할 때, 또는 산부인과에서 출산을 도울 때 환자의 불안을 줄이거나 치료의 고통을 덜게 하는 데 효과적으로 활용할 수 있다. 그러한 예에 대해서 구체적으로 알아보면 다음과 같다.

무엇보다도 최면치료는 치과치료에서 널리 활용된다. 즉, 치과치료에 대한 공포를 가진 환자들에게 활용된다. 특히 어린이들은 치과에 대해 공포를 느끼는데, 최면치료는 그들의 불안감과 치과치료에 대한 거부감을 줄여주는 데 도움이 된다. 치과치료에서는 처음에 환자로 하여금 심신을 이완하게 함으로써 트랜스를 유도한다. 그리고 트랜스 상태에서 불안을 느끼지 않도록 하거나 치료상의 고통을 덜 느끼게 하거나 아예 느끼지 않도록 하는 방식으로 최면을 활용한다.

산부인과에서 임산부의 무통 분만을 위해서도 최면치료가 활용된다. 즉, 출산시의 진통을 줄이기 위해서 화학약품인 진통제를 사용하는 대신에 최면치료적 방법이 활용된다. 그리고 임산부로 하여금 최면적 상태에서 깊은 이완을 경험하게 함으로써 임산부나 태아의 심리적 안정을 돕고 태아를 위한 태교의 차원에서도 활용될 수 있다.

외과병원에서도 환자를 수술하거나 치료할 때 최면치료가 활용된다. 과거에는 최면마취를 통해 환자를 치료한 사례가 아주 많았지만 마취제와 같은 의약품이 개발되면서 최면에 의존하는 경향이 대폭 줄어들었다. 그럼에도 불구하고 최면으로 마취하는 사례들은 여전히 많다. 그리고 오늘날 최면치료는 암치료를 비롯하여, 고혈압, 당뇨병과 같은 여러 가지 난치병, 각종 심인성 질환들을 치료하는 데 크게 활용된다.

자기최면

자기최면은 문자 그대로 최면기법을 자기 스스로에게 적용하여 최면의 효과를 얻고자 하는 것이다. 그러므로 누구든 최면의 원리와 기법을 배운다면 자기최면을 실시할 수 있을 것이다. 자기최면에서는 타인의 도움 없이 스스로에게 최면을 적용하기에 여러 가지로 편리하다. 즉 자기최면은 시간과 장소에 구애받지 않고 실시할 수 있으며 스스로 자기 수준에 맞게 활용할 수 있기에 누구나 손쉽게 활용할 수 있는 장점이 있다. 그러나 이것은 스스로에게 최면을 거는 방식으로 이루어짐으로써 일정한 한계를 벗어날 수 없으며 전문적인 활용이나 치료적 처치가 어려울 수 있음을 내포하고 있다.

일반적으로 자기최면이 성공하기 위해서는 다른 최면사나 유능한 경험자로부터 최면기법을 배우거나 직접 최면을 받아 본 경험이 있어야 할 것이다. 왜냐하면 사람들이 최면에 대해서 제대로 이해하지 못하고 잘못된 선입관을 갖고 있을 뿐만 아니라 자기최면 경험 자체가 생소한 것이기에 사전 경험이나 적절한 방법에 대한 지식 없이는 스스로 최면을 걸기가 어렵기 때문이다.

위에서 소개한 타인최면이 사용되는 최면치료에서도 사실은 기본적으로 환자에게 자기최면법을 가르쳐서 스스로 최면을 걸도록 하여 최면치료를 하는 것이 보편적이다. 자기최면을 위해서는 자발적인 의지가 필요하다. 그리고 효과적인 자기최면을 위한 기본적인 최면의 조건을 갖추는 것이 좋다. 최근에 와서 자기최면을 돕기 위한 도구들이 상용화되어 있다. 그 중에서도 가장 대표적인 것이 최면유도문을 녹음한 자기최면유도 테이프를 들 수 있다. 국내외적으로 인터넷 사이트에서 다양한 최면 관련 도구를 소개받을 수 있는데 대표적인 도구로는 오디오 및 비디오테이프, CD, 그림최면책 등이 있다. 한편 반드시 자기최면법은 아니지만 최면사를 직접 만나지 않고서도 행할 수 있는 최면의 방법으로 전화로 최면 관련 상담을 하거나 최면을 거는, 이른바 전화 최면치료법, 인터넷 최면법 등이 최근에는 활용되고 있다. 물론 꼭 상업적으로 시판되는 것만이 좋은 것은 아니다. 경우에 따라 자신의 음성으로 최면유도문을 배경음악과 함께 녹음하여 활용할 수도 있다.

교육최면

집중력을 기르고 학습능률을 올리거나 습관을 교정하기 위하여 교육최면이 이루어진다. 그 외에도 발표력 향상, 자신감 및 자아존중감 기르기, 불안 및 스트레스 극복, 창의성 향상, 비전 심기, 시험 준비, 업무능률 향상 등, 최면이 교육적으로 적용되는 예는 다양하다.

최면에 걸리기

어떤 사람이 최면에 잘 걸릴까?

모든 사람들이 같은 수준으로 최면에 걸리는 것은 아니다. 즉 최면에 걸리는 정도와 깊이는 개인의 최면감수성을 비롯하여 현재 자신이 처해 있는 물리적·심리적 환경, 최면 당시의 심리적 상태와 주변 환경, 최면에 대한 태도, 최면사와의 관계에 따라서 얼마든지 달라질 수 있다. 그러므로 최면의 개인차에 대해서 이해하는 것은 효과적인 최면유도를 위해서 중요한 일이 될 것이다. 따라서 여기서는 그러한 최면의 개인차와 관련하여 특히 어떤 사람이 최면에 잘 걸릴지에 대해서 알아보도록 하겠다.

최면의 개인차

사실 최면에 대한 학문적인 연구가 제대로 이루어지기 전에는 최면사가 환자 또는 내담자에게 어떤 힘을 전달해줌으로써 최면이 이루어진다는 최면사 중심의 최면관이 지배하였다. 이 입장에 따르면 최면에 잘 걸리고 안 걸리고의 문제는 내담자와는 상관없이 최면사의 능력에 달렸다는 논리가 성립한다.

그러나 1960년대를 전후한 시기에 미국에서 최면에 대한 연구가 본격화되면서 최면에 걸리는 것은 최면사의 힘이 아니라 내담자의 특성에 따라 다를 수 있다는 생각이 확립되었다. 즉 개인마다 최면에 걸릴 수 있는 능력이나 성향이 다르기 때문에 개인은 그것에 따라 최면에 잘 걸릴 수도 있고 그렇지 않을 수도 있다는 것이다.

최면전문가들에 의하면 오직 5-15% 정도의 일부 사람만이 최면에 아주 잘 걸리어 무대최면의 피험자가 될 수 있다고 한다. 다시 말해서 쇼나 TV 등의 무대최면에 등장하는 피험자들 누구나 다 해당하는 것이 아니라 최면에 잘 걸리는 일부 사람들만 해당하며 최면사는 이러한 사람들을 골라내어 최면을 거는 것이다. 그러나 그러한 내용을 잘 모르는 일반인들은 무대 위에서 시범을 보이는 피험자처럼 누구나 그렇게 쉽게 최면에 걸리고 최면경험을 하는 것으로 오해를 한다.

그런데 실제로 65% 정도의 사람들은 중간 정도의 최면능력을 갖고 있다. 그리고 최상위에 해당하는 소수의 사람들만이 깊이 있는 최면경험을 하면서 완전한 연령퇴행(age regression)을 할 수 있고 그들만이 과거의 일을 현재 벌어지고 있는 실제의 일처럼 경험할 수 있다.

그러나 그렇다고 해서 그들이 다른 사람들에 비해 치료효과를 더 크게 발휘한다는 것은 아니다. 다시 말해서 최면에 잘 걸린다는 것과 치료효과의 정도는 별로 관계가 없다. 최면 검사에서 점수가 높다는 것은 최면능력이 있다는 것을 말하지만 그것은 어디까지나 보다 쉽게 최면에 걸리고 최면 속에서 최면경험을 잘 느낄 수 있다는 것을 말하는 것으로 최면의 효과와는 별로 관계가 없음을 명심할 필요가 있다.

사실 최면능력은 대표적으로 연령과 같은 개인적인 특성에 따라 변화 및 발달을 하며 유전적 요소도 개입되기 때문에 최면능력에는 연령차나 개인차가 있음이 틀림없다. 그래서 그러한 개인차를 충분히 고려하여 최면유도를 해야 제대로 효과를 얻을 수 있게 된다. 그래서 최면민감성 또는 최면감수성이라는 개념이 중요시된다.

최면감수성이란 생물학적으로 타고난 체질과 같은 것으로 개인이 최면에 걸릴 수 있는 성향이 얼마나 높은가의 정도, 즉 피암시성의 정도를 말해주는 개념이다. 그러므로 누구나 최면에 걸릴 수는 있다 하더라도 최면감수성이 높은 사람이 더 잘, 더 빨리 걸린다는 것을 이해하게 된다. 요컨대 사람에 따라 개인차가 있기에 최면에 걸리는 시간뿐만 아니라 치료가 이루어지는 시간이나 효과에 있어서도 차이가 날 수 있다는 점을 이해해야 한다.

일반적으로 최면에 잘 걸리는 사람의 특징으로는 이지적이고 집중력이 있거나 기억력이 좋은 사람, 생각이 단순한 사람, 상상력이 풍부하며 감정 표현을 잘 하는 사람, 나이가 어린 사람, 마음이 순수하고 남의 말을 잘 받아들이고 협조적인 사람, 최면현상에 대한 기대를 적당히 갖고 있는 사람, 몰입을 잘 하는 사람 등이며, 지나치게 분석적이거나 비판적인 사람, 지적인 수준이 낮은 사람, 그리고 최면을 받아들이려 하지 않는 사람들은 최면에 잘 걸리지 않는 경향이 있다.

최면은 위험하거나 두려운 것이 아닐까?

일반적으로 사람들은 최면상태에서는 평소에 알 수 없었던 무의식이 드러나기 때문에 어떤 내용이 나올지 몰라서 불안해하기도 하고 또 최면에 걸려 의식이 없는 동안에 최면사가 나쁜 짓을 할 수도 있으므로 최면은 위험할 것이라는 오해를 하는 경향이 있다. 그래서 최면을 통해 도움을 받을 수 있는 사람들도 최면을 꺼리거나 필요 이상으로 두려워하는 모습을 보게 된다. 이 장에서는 최면은 위험하거나 두려운 것이 아니라는 점을 전제로 이에 대해서 구체적으로 알아보고자 한다.

스벵가리 효과(Svengali effect)
사실상 최면은 두려운 것이 아니다. 그럼에도 불구하고 사람들은 최면에 대해서 막연하게 두려워하거나 불안을 느끼는 경향이 있다. 이와 관련된 개념이 다음에 구체적으로 설명될 스벵가리 효과란 것이다.

최면이 위험하거나 두려운 것이라는 의미로 사용되는 개념으로서 스벵가리 효과라는 것이 있다. 이것은 생소한 개념이지만 최면에 대해서 이해하는 과정에서 검토해 볼 필요가 있는 개념이기도 하다.

스벵가리란 미국에서 상영된 옛 영화의 제목으로 영화 속에서 최면사로 등장하는 주인공 이름이다. 이 영화에서 그는 중년의 미친 사람으로서 여성들에게 최면을 걸어 자기가 시키는 대로 행동하게 하고 심지어 범죄까지 저지르게 한다. 이 영화에 대해서는 다른 장에서 좀더 구체적으로 소개하겠지만 하여간 이러한 내용들은 최면의 실상을 왜곡시키는 대표적인 사례로 가끔 영화나 TV 드라마, 소설 같은 곳에서 묘사되는 전형적인 예이기도 하다.

그러나 최면사 마음대로 피험자에게 나쁜 짓을 시키거나 욕할 수 있다고 생각하는 것은 최면에 대한 완전한 오해라는 점을 다시 한번 분명히 해둘 필요가 있다. 앞에서도 설명되었듯이 최면상태에서도 의식은 그대로 살아있으면서 무의식 또는 잠재의식이 활성화되기 때문에 자신의 언행과 심리적·신체적 반응을 다 인식하게 된다. 그리고 최면은 그것에 대한 내담자의 자발적인 의지가 있을 때 작용하기 때문에 최면사가 일방적으로 최면을 걸거나 특정한 행동 또는 반응을 하라고

해서 할 수 없다는 점을 앞에서도 밝힌 바가 있다. 그러므로 최면을 위험한 것으로 생각하는 것은 별로 근거가 없는 태도 이다.

최면시의 각성

사람들은 최면시에 떠올렸던 무의식의 기억을 최면 도중에 인식하며 깨어난 이후에도 생생하게 기억한다. 그리고 최면 도중에 들리는 외부의 소음(예컨대 전화벨이나 음악소리와 같은)을 다 들을 수가 있고 최면사가 손을 잡거나 신체적 접촉을 할 때에 그것을 지각하고 느끼게 된다. 뿐만 아니라 깨어난 이후에는 최면에서 자기가 무슨 말을 했으며 어떤 행동을 했는지, 또 치료과정에서 어떤 감정과 변화를 느낄 수 있었는지 다 기억하고 말할 수 있다. 또한 자신의 의지만 있다면 스스로 최면에서 깨어나거나 최면사의 암시를 거부하고 최면에서 깨우도록 요구할 수 있다.

최면상태에서는 가끔 극적인 경험을 한다. 내담자는 과거에 경험했던, 정서적으로나 신체적으로 엄청난 충격을 받고 상처를 입었던 사고나 사건을 그대로 떠올리고 그것을 재경험할 수가 있기 때문에 위험하게 보일 수도 있다. 그러나 유능한 최면사는 그때 그 상황을 어떻게 다루어야 할지, 그리고 그러한 내담자의 상황을 어떻게 치료로 연결해야 할지를 안다. 그래서 염려와는 달리 두려워하거나 불안해하지 않고 침착하게 최면에 임할 수 있게 된다.

한편 최면상태에서는 자기도 몰랐던 사적인 비밀이 공개될 수도 있다. 이 점은 사람들이 최면에 대해 두려워하는 또 다른 이유인 것 같다. 실제로 사람들은 최면에 대해 관심은 보이지만 직접 경험하기는 꺼려하는 경향이 있다. 그럼에도 불구하고 최면상태에서는 의식이 있어서 자신을 통제할 수가 있다. 만약 최면 속에서 사적인 비밀이 드러나고 또 그것을 자기가 감당하기가 어렵다면 내담자는 언제라도 자기의 의지에 따라 최면을 그만두거나 중단하고 싶다는 의사를 표시할 수가 있기 때문에, 결론적으로 최면에 대해서 위험하게 생각하거나 두려워할 필요가 없다.

최면에 걸렸다는 것을 어떻게 알 수 있을까?

누구나 최면에 걸리면 정도 차이는 있겠지만 여러 가지 현상들을 경험하게 된다. 피최면자는 그러한 현상을 본인 스스로 느낄 수도 있지만 객관적으로 나타내 보이기도 한다. 그래서 최면사는 그러한 피최면자의 모습을 보고 그가 제대로 최면에 걸렸는지를 알아차리고 적절한 때에 최면치료를 시행하게 된다.

실제로 최면치료 상황에서 피최면자가 이미 최면상태에 들어가 있음에도 불구하고 최면사가 그것을 알아차리지 못하고 계속 최면유도를 실시하는 것은 시간적으로 낭비일 뿐만 아니라 오히려 최면을 방해하는 결과를 초래할 수도 있다. 반면에 피최면자가 아직 최면에 들어가지 않았는데도 이미 최면에 들어간 것으로 잘못 알고 최면사가 최면치료를 실시한다면 그 또한 효과를 보기 어려울 것이다.

그러므로 최면사는 피최면자가 과연 제대로 최면에 걸렸는지를 아는 것이 중요하다. 이를 위해서는 최면시에 경험하거나 보일 수 있는 현상이 어떤 것인지를 아는 것이 중요하다.

최면상태를 확인할 수 있는 첫째의 것은 피최면자가 신체적 이완상태에 이른다는 것이다. 일부 예외적인 경우가 있지만 최면상태에서는 그 누구라도 신체적 이완상태를 일차적으로 경험한다. 사실 최면이란 기본적으로 심신이 이완되어야 가능하기 때문에 최면에서 이완을 경험하는 것은 너무도 당연한 현상일 것이다.

최면상태는 뇌에서 발생하는 '알파(α)파'라고 하는 뇌파를 통해서도 알 수 있듯이 의식상태의 긴장이 다 사라지는 편안한 상태가 지속되는 때이다. 즉, 그것은 명상상태와 같은 것이

최면에 걸려 신체적으로 이완된 상태.

며 정신이 집중된 상태이기도 하다. 그런데 심한 스트레스 상태 하에서는 심신이 이완되지 않기 때문에 최면에 잘 들어가지 않을 뿐만 아니라 혹시 최면에 들어간다고 하더라도 깊이 들어가지 않을 수 있다. 그러므로 전통적 최면에서 최면을 유도할 때는 반드시 어느 정도의 심신 이완을 유도하는 단계를 밟는 것이 보통이다.

최면상태를 확인할 수 있는 둘째 신호로는 호흡상태를 꼽을 수 있다. 즉 최면상태에서는 잠을 잘 때처럼 호흡이 깊어지고 고르게 된다. 그것은 앞에서도 언급한 바와 마찬가지로 신체적 이완상태에서 경험하는 또 다른 현상인 것이다. 이러한 현상은 일반적으로 흥분을 하거나 스트레스를 받으면 호흡이 가빠지고 거칠어지는 현상과는 반대인 것이다.

최면상태의 셋째 증거로는 체온의 변화를 꼽을 수 있다. 즉 최면상태에서는 체온의 변화가 정상온도보다 올라가는 수도 있고 내려가는 수도 있다는 것이다. 그래서 최면중에 내담자의 손이나 신체의 일부를 만져보면 보통 때보다 차갑거나 따뜻한 것을 알 수 있다. 사람에 따라 체온이 올라가는 수도 있고 내려가는 수도 있기에 반드시 어떻게 되어야 한다는 원칙은 없다.

넷째 최면상태의 신호로는 암시의 작용을 꼽을 수 있다. 즉 최면상태에서는 암시의 효과가 극대화된다. 암시란 최면사가 내담자에게 어떠한 방향으로 생각하거나 느끼게 또는 반응하도록 영향을 미치는 최면의 기법이라고 할 수 있다. 그런데 이

암시는 의식상태에서는 별로 작용하지 않지만 최면상태의 잠재의식은 그 암시내용을 잘 받아들여 그대로 시행되는 것을 경험할 수 있다. 그래서 최면사는 내담자에게 특정한 장면을 생각하거나 떠올려 시각화하도록 하고 슬픔이나 분노와 같은 정서를 경험해보라고 하는데, 내담자가 제대로 최면에 들어갔다면 그러한 암시를 잘 받아들여 그대로 시행하게 된다.

최면을 확인할 수 있는 다섯째의 증거는 급속안구운동(REM, Rapid Eye Movement)현상이다. 이것은 흔히 수면중, 특히 꿈을 꾸는 동안에 나타나는 현상인데, 즉 눈동자가 아주 빠른 속도로 움직이는 반응을 보이는 것이다. 그러한 눈동자의 움직임은 눈꺼풀의 움직임 또는 떨림을 통해서 알 수 있다. 우리가 주변의 사물을 볼 때 눈동자를 움직이듯이 피최면자는 꿈속에서 어떤 내적 경험을 할 때 실제로 사물을 보는 경우와 같이 눈동자를 움직이게 된다. 그것은 아마 우리가 꿈을 꿀 때에 눈동자가 쉬는 것이 아니라 실제로 어떤 영상을 '보면서' 작용을 한다는 의미로 해석될 수 있는 측면이다. 이러한 현상은 최면 속에서도 나타난다.

최면의 증거로 꼽을 수 있는 또 다른 것은 한숨이다. 사람들은 흔히 가슴이 답답할 때 한숨을 쉬듯이 최면상태에서도 자주 한숨을 쉬는 경험을 하게 된다. 특별히 이러한 한숨을 의식상태에서의 그것과 구별하기 위해서 '최면 한숨'이라고 부른다. 이것은 아마 최면상태는 곧 이완상태이며, 이완상태에서는 호흡의 속도가 느려지기에 나타나는 현상일 것이라고 해석된다.

최면상태에서는 정서적·신체적 반응이 자유롭게 일어난다. 즉 슬픔과 고통, 기쁨과 행복 등의 정서적 반응을 자유롭게 느낄 뿐만 아니라 그에 따른 신체적 반응도 경험한다. 그래서 정서적으로는 슬픔을 느끼면서 실제로 가슴이 떨린다거나 눈물을 흘리게 되는 현상은 아주 흔한 일이다. 뿐만 아니라 행복한 상황을 떠올리는 내담자는 그 행복감을 만끽하면서 얼굴에 미소를 떠올린다.

최면에 걸렸음을 확인할 수 있는 마지막의 증거로 눈동자의 충혈을 꼽을 수 있다. 최면 동안에는 당연히 눈을 감고 있기 때문에 눈동자를 볼 수가 없다. 그러나 최면이 끝난 직후에 내담자의 눈동자를 가까이서 살펴보면 그것이 붉게 물들어 있는 것을 알 수 있다. 물론 개인차가 있긴 하지만 많은 사람들은 최면이 끝난 후에 눈동자가 충혈되는 변화를 보인다. 이러한 충혈현상은 마치 눈병이 났거나 많이 울었을 때 볼 수 있는 것과 비슷하다.

효과적인 최면을 위해서는 무엇이 필요할까?

모든 일에는 나름대로의 원리가 있기 마련이다. 그것은 최면에서도 마찬가지이다. 최면사가 동일한 피최면자를 대상으로 최면을 유도하고 치료를 하는 상황에서도 어떤 조건 하에서 어떻게 하느냐에 따라서 그 효과는 달라지게 마련이다. 마찬가지로 피최면자 또한 어떠한 마음가짐과 어떠한 조건 하에서 최면에 임하느냐에 따라서 최면의 효과는 달라질 수 있다.

그러므로 효과적인 최면 유도의 원리와 함께 최면에 잘 걸릴 수 있는 조건에 대해서 알고 그것에 따라 최면을 실시하는 것은 중요한 일이다. 특히 최면자가 보다 효과적으로 최면에 들어가기 위해서 갖추어야 할 최면의 원리가 있을까, 있다면 그것은 무엇일까?

최면의 원리

최면의 원리로서 첫째는 집중성의 원리이다. 실제로 특정의 생각을 반복하고 집중할수록 그것을 잘 떠올릴 수 있다. 그러므로 효과적인 최면을 위해서는 집중을 잘 할 수 있어야 한다. 이를 위해서는 주변의 환경을 조용하게 한다든지 보다 잘 집중할 수 있는 주제를 중심으로 하여 최면에 들어가는 것이 좋다.

둘째는 노력 역효과의 원리이다. 이것은 일종의 역설적인 원리인데 최면에 걸리기 위해 노력하면 할수록 오히려 최면에 잘 걸리지 않는 역효과가 나타난다는 것이다. 지나친 노력은 지나친 기대와 마찬가지로 집착으로 연결되면서 오히려 긴장을 불러일으키는데, 그것이 결과적으로 최면에 방해가 된다. 따라서 편안한 마음으로 꼭 어떻게 해보겠다는 인위적인 마음을 갖지 않은 상태에서 최면에 임하는 것이 좋다.

셋째는 정서적 몰입의 원리이다. 이것은 강한 정서를 가진 사람은 그 정서를 통해 쉽게 최면에의 몰입이 이루어질 수가 있다는 것이다. 그래서 예컨대 분노의 문제 때문에 고통을 겪

최면의 환상.

는 사람은 그 화를 경험하고 표출하는 것이 어렵지 않을 것이다. 그러므로 최면유도시에 자신이 갖고 있는 일차적인 정서나 감정이 무엇인지를 확인하고 그것을 중심으로 하면 쉽게 몰입할 수 있을 것이다.

넷째는 심상의 원리이다. 일반적으로 의지는 의식의 작용에 의해 심상은 잠재의식의 작용에 의해 기능한다. 그런데 최면에서는 심상의 기능이 의지보다 더 강하게 작용한다. 그렇기에 의도적으로 어떤 장면을 구성하고 특정 과거를 기억하려고 해도 잘 안 되는 것이다. 그러므로 스스로 자연스럽게 심상을 그릴 수 있으면 좋다. 그렇게 하기 위해서는 스스로 즐겨하는 일이나 좋아하는 장소와 같은 것을 떠올리거나 그것에 대해 시각적으로 생각해보는 것이 좋다. 왜냐하면 누구라도 자기가 선호하는 대상에 대해서 생각할 때는 쉽게 몰입하고 심상을 그리기가 쉽기 때문이다.

최면의 적합성

한편 모든 사람이 다 최면에 적합한 것은 아니고 또 모든 사람이 모든 경우에 최면으로 도움받을 수 있는 것이 아니기 때문에 최면을 하기 전에는 먼저 과연 자신의 문제 해결에 최면이 도움이 될 수 있을지 또는 문제 해결을 위하여 최면에 의지할 것인지와 관련한 최면의 적합성에 대해서 생각해봐야 한다. 구체적으로 다음과 같은 물음에 대해서 스스로 얼마나 긍정적으로 대답할 수 있느냐에 따라서 최면의 방법이 도움될 수가 있을 것이다.

· 자신의 건강에 대해 스스로 해결하고자 하는 의지를 갖고 있는가?

· 상상력이 풍부한가?
· 마음속에서 성취하기를 바라는 일의 분명한 결과를 그릴
  수 있는가?
· 인내력이 있는가?
· 믿을 만한 최면사가 주변에 있는가?

최면을 통해서 전생을 알 수도 있을까?

최면에서는 과거의 연령으로 되돌아가는 것을 연령퇴행이라고 한다. 또한 현재의 생에서 태어나기 이전의 또 다른 생을 전생이라고 할 때 과거의 전생으로 되돌아 가도록 하는 것을 전생퇴행이라고 한다. 전생퇴행은 기본적으로 전생의 삶을 전제로 한다. 그리고 전생퇴행을 하는 사람들은 최면을 통하여 전생의 어느 특정한 시기로 거슬러 되돌아갈 수 있으며 아울러 그때의 기억과 경험을 떠올리거나 재경험할 수 있다고 생각한다. 여기서는 전생과 전생치료에 대해서 구체적으로 살펴보도록 하겠다.

전생과 전생치료

전생이란 것은 특정 종교의 교리와 연관될 뿐만 아니라 전생의 존재 여부와 사실성이란 것이 과학적 검증이 어려운 부분이기 때문에 전생퇴행이나 전생치료와 관련한 논란이 많은 것도 사실이다. 그래서 전생을 미신시하면서 부정하고 전생치료 같은 것은 해서는 안 되는 것으로 금기시하는 최면전문가도 있다.

그럼에도 불구하고 특히 1980년대 이후에 미국에서 발달하기 시작한 전생요법은 많은 이들에게 관심의 대상이 되고 있다. 특히 치료자들이 최면치료를 하는 가운데 환자가 도저히 현생의 경험으로는 설명될 수 없는 과거 '전생'의 기억을 떠올릴 뿐만 아니라 그 기억을 중심으로 치료적 작업이 가해졌을 때 뜻밖에 치료적 효과를 보이는 사례들이 생겨나면서 전생치료의 가능성이 부각되었다. 즉 최면에서 전생기억이 도출될 수 있을 뿐 아니라 치료적 차원에서 전생기억이 활용됨으로써 전생치료가 효과적인 치료의 수단이 될 수 있다는 사실이 조금씩 알려지게 되었다.

이와 같은 과정에서 유사한 경험을 공유한 일단의 정신과 의사와 심리학자들을 중심으로 한 최면치료 전문가들이 뜻을 함께 나누고 치료적 능력을 증진하고자 전생치료를 위주로 하는 학회를 구성하는 등 전생치료는 크게 발전하고 있다. 결과적으로 볼 때 현재까지 전생치료의 방법을 통하여 전생을 알고 또 치료적 효과를 얻는 사람들이 많다는 점 또한 부정하기 어렵다.

아무튼 전생이란 현재의 생 이전의 삶을 말한다. 전생은 육체적인 죽음과 상관없는 영적인 생명, 즉 영혼불멸의 논리에 근거하여 이해될 수 있는 개념이다. 그러한 영혼불멸의 논리는 많은 전생퇴행 사례를 통해서 경험적으로 확인되기도 한다. 사실 지금까지 보고되고 있는 전생퇴행 사례들 중에서 전생기억의 내용이 실제로 과거의 역사나 지리적·문화적 사실과 부합하는 것으로 밝혀진 것이 많이 있는데, 그 중에 대표적인 것으로는 미국의 버지니아 의과대학 교수인 이안 스티븐슨의 「20가지 환생 사례」(1974)가 유명하다. 그리고 호주 시드니 대학교의 피터 램터스 교수는 전생체험의 내용을 과학적으로 증명하고자 하는 실험을 실시한 것으로 유명한데, 이 실험에서 자신의 고향을 한 번도 떠나본 적이 없는 평범한 주부인 그웬 맥도넬을 전생퇴행시켜서 그녀가 떠올린 내용이 사실인지를 밝히고자 하였다. 그 결과 그녀의 기억이 사실임이 밝혀졌고 이 내용이 다큐멘터리로 제작되기도 하였다.

이러한 사실들을 토대로 전생이란 현생과 마찬가지로 한 인간이 과거 어느 시대에 살았던 생을 말하는데, 그러한 전생의 종류와 수는 무수히 많다고 할 수 있다. 그것은 왜냐하면 영혼의 역사는 인간의 역사만큼 길며 그동안에 수많은 삶의 역사가 반복되기 때문이다. 이러한 사실은 불교를 비롯한 전생을 주장하는 종교의 교리를 통해서도 알 수 있지만 실제의 전생퇴행 사례를 통해서도 밝혀지고 있다. 재론하지만 결국 전생은 한 개인의 영혼이 과거의 어느 일정한 기간 동안에 육체라는 수단을 빌려 일생을 살았던 생을 말하는 것이라고 할 수 있다.

전생치료 또는 전생요법이란 최면의 방법으로 그러한 과거의 전생을 찾아가서 현재 삶에서 경험하는 문제의 원인을 추적하고 그것을 치료하는 방법이다. 이 과정에서 중요한 것은 전생의 사실성 여부를 따지는 것이 아니라 전생이라고 이름 지을 수 있는 무의식적 기억 내용을 통해서 현재의 문제나 질병을 치료하거나 치료를 위한 지혜를 찾고자 한다는 점이다.

물론 전생기억이란 것이 진정한 기억이냐 또는 유사기억이냐에 대한 논란이 많은 것도 사실이다. 하지만 전생치료에서 핵심적인 것은 전생기억 속에 있는 과거의 특정한 부정적 경험이 현재 삶의 문제의 원인으로 작용한다는 가정에 바탕하여 내담자를 이해하며 치료하고자 한다는 것이다. 불교에서는 과거의 경험을 특히 업(karma)이라는 용어로 설명을 하는데, 이것은 곧 인과응보의 사상이 반영된 것이라고 하겠다. 그렇기에 불교에서는 사람들이 과거의 업 때문에 현재의 질병, 인간관계 문제와 각종 고통을 당하고 있다고 본다. 이러한 논리는 전생치료에도 그대로 적용될 수 있다.

이 전생치료의 논리 속에는 환생이나 윤회의 개념이 필수적으로 등장하게 된다. 영혼은 육체적인 삶이나 죽음과 관계없이 늘 우주에 존재하면서 육체의 옷을 입고 이 땅에서의 삶을 계속하기 위하여 태어날 때 환생되는 것이며, 그렇게 매번의 생에서 서로 다른 육체의 모습으로 영혼이 다시 태어나는 것이 곧 윤회라고 할 수 있다. 이 과정에서 영혼의 진화와 발전을 위하여 수행해야 하는 과제를 업이라고 할 수 있을 것이다.

최면을 통한 미래 경험

한편 최면을 통하면 미래 경험도 가능하다. 무의식 상태에
서 전생 경험이 가능하다면 자신의 미래 모습을 보거나 경험
하는 것 또한 가능한 일이다. 사실 전생 경험의 사실성 문제와
마찬가지로 미래 경험의 사실성도 객관화되기 어렵기 때문에
그 내용을 반드시 믿어야 할 필요는 없다. 그럼에도 불구하고
그 내용 속에는 자신의 소망이나 목표상이 반영되어 있기 때
문에 미래 경험은 치료적 차원뿐만 아니라 삶을 살아가는 데
있어서도 도움이 된다.

빙의(憑依)와 빙의현상

또한 최면에서는 때때로 영적인 현상이나 빙의현상이 나타
나기도 한다. 빙의란 일종의 영적인 현상으로 제3의 영이 씌
웠다는 것인데 귀신들림의 다른 표현이기도 하다. 원래 과학
이 발달하기 이전의 과거에는 인간의 정신적인 장애를 영적인
현상으로 보고 굿과 같은 무속적인 방법 또는 심령적인 방법
으로 치료하고자 하였다. 그러나 과학이 발달하면서 그러한
것을 미신 취급하는 풍토가 자리잡았다. 그래서 현대 과학이
나 심리치료에서는 영적인 빙의현상이나 영적인 원인에 의해

병이 드는 현상을 인정하지 않고 있다.

그러나 최면에서는 그러한 영적 현상을 인정하고 치료하는 방법도 개발되어 있다. 비록 이러한 차원을 인정하지 않는 최면전문가도 있지만 영적인 차원에서 이루어지는 치료를 전문으로 하는 치료법이 개발되어 있고 이를 전문으로 하는 최면가도 있다. 특히 빙의치료(spirit releasement therapy)라고 하는 치료법은 오늘날 일반 정신과적 치료나 심리치료 및 상담에서 진단되지 않고 해결되지 않는 많은 병들을 치료하는 데 효과적이다.

불교에서는 천도재나 구병시식(救病施食)과 같은 형식으로, 기독교나 천주교 계통에서도 퇴마의식과 같은 형식으로 빙의 문제를 다루기도 하지만 일반적으로는 빙의나 빙의치료와 같은 것은 다소 이단적인 또는 비과학적인 것으로 인식될 수 있을지 모른다. 그럼에도 불구하고 최면치료적 장면에서 빙의현상과 같은 것을 다루는 것이 가능하다. 왜냐하면 어디까지나 최면은 인간 자신이 갖고 있는 정신세계, 특히 무의식이나 잠재의식 그리고 잠재능력을 활용하는 것이기 때문이다.

어떤 사람이 최면사가 될 수 있을까?

최면에 관심을 갖다보면 스스로 최면사가 되고 싶어 하는 사람이 많이 생긴다. 그러나 막상 스스로 최면사가 될 수 있을지, 즉 최면사로서의 자질을 갖고 있는지에 대해서 잘 모를 뿐만 아니라 어떻게 하면 최면사가 될 수 있을지에 대해서도 막연해지게 마련이다.

최면을 걸 수 있는 사람이 특별히 따로 있는 것은 아니다. 다시 말해서 정상적인 지능 수준과 의사소통의 능력이 있는 사람이라면 누구나 최면을 걸 수가 있다. 그러므로 타인에게 최면을 걸 수 있다는 것은 일반적으로 생각하듯이 특별한 '신비한' 능력이 아닐 뿐만 아니라 최면사 또한 신비한 사람이 아니다. 다만 일정한 조건을 갖춘다면 누구나 최면을 걸 수가 있고 또 최면사가 될 수 있다. 그러한 조건들에 대해서 살펴보자.

무엇보다도 최면을 걸기 위해서는 최면에 대한 지식이 있어야 하며 최면을 걸 수 있는 기법을 알고 실시할 수 있는 능력이 필요하다. 이 책을 읽는 독자라도 제대로만 배우고 익힌다면 누구나 최면을 걸 수가 있을 것이다. 그러나 최면상태에서는 다양한 심리적·신체적 경험이 이루어지며 때에 따라서는 위기반응도 나타날 수 있다. 아울러 심각한 심리적·신체적 고통이 경험되고 긴급하게 치료되어야 할 부분들이 표출될 수도 있으며 무의식적인 기억이 되살아나고 그와 관련하여 현재에 심각한 문제로 다루어질 수도 있다. 따라서 충분한 능력을 갖추지 않은 상태에서 최면에 임했다가 당황하거나 어려움을 겪을 수가 있다.

그러므로 내담자의 보호와 최면의 진정한 효과를 위해서는 최면중의 내담자를 적절하게 다룰 뿐만 아니라 최면에서 떠올린 기억을 잘 해석하여 그것과 현재의 문제를 관련시켜 이해할 수가 있으며 위기상황에서 적절히 대처할 수 있는 능력을 갖춘 사람이 최면을 걸고 상담과 치료를 해야 한다. 그러므로 최면치료를 하는 사람은 최소한 심리학, 정신의학, 상담, 심리치료를 비롯한 인간복지 분야의 지식과 능력 그리고 소양을 갖춘 사람이어야 할 것이다. 어떤 전문가들은 의사 외에는 최면을 해서는 안 된다고 주장할 만큼 최면의 전문성을 강조한다. 다시 말해서 일정한 학습과 경험을 통해서 최면을 걸 수있는 능력은 습득할 수 있으나 전문적으로 최면치료를 할 수 있기 위해서는 고도의 훈련과 경험이 필요하다는 것이다. 그래서 구미 선진국에서는 최면사를 양성하기 위해서 일정한 자격 요건을 갖춘 사람을 대상으로 엄격한 교육과 훈련을 시킬 뿐만 아니라 이후에도 질적인 관리를 소홀히 하지 않음을 볼 수 있다.

선진국에는 최면사를 양성하고자 하는 최면 관련 단체, 연구소, 학회가 많이 있다. 그리고 이들 단체는 최면과 최면치료를 학문적으로 연구하고 보급하는 일도 하고 있다. 그런데 전문적인 최면치료 교육과 훈련은 일반적으로 정신의학, 상담, 심리치료 분야를 비롯하여 심리학, 사회복지 등의 인간복지 또는 조력분야 전공자나 종사자에게 개방된다. 그리고 국내에서도 최근에 몇 개의 최면단체를 중심으로 세미나나 워크숍의 형태로 최면교육이 이루어지고 있다.

한편 선진국의 최면학회나 단체는 정식으로 최면교육을 받고 최면사의 자격을 취득한 사람 또는 자격증 취득 후 일정기간의 임상경험을 쌓은 사람을 회원으로 받아들인다. 그리고 학회나 단체 중에는 위에서 열거한 바와 같이 전문 분야와 상관없는 일반적인 것도 있지만 전문 분야에 따른 것도 있다. 예를 들어, 정신의학계를 비롯하여 치과, 소아과, 산부인과를 포함하는 일반 의료 분야에는 회원으로 전공의사들로만 구성되는 전문학회가 있다. 그리고 미국심리학회 내에도 하나의 하위 분과로서 심리최면학회가 별도로 있다.

최면치료의 원리

최면은 무의식을 활성화하는 것이기 때문에 최면치료는 그러한 잠재의식을 통하여 이루어진다. 기본적으로 잠재의식 속에는 자연치유력이 있기 때문에 그것을 활성화시키는 최면상태에서는 굳이 다른 사람의 도움이 없더라도 자가치료가 가능하다. 이제 그러한 최면치료가 이루어지는 심리적·생리적 기제를 구체적으로 살펴보도록 하겠다.

과거 경험이 현재에 미치는 영향

과거의 경험은 현재의 생활에 영향을 미치는데, 그것은 다음과 같은 차원에서 생각해볼 수 있다.

사람들이 고통을 받는 장애 중에서는 특히 어린 시절 경험 때문에 발생한 것이 많다. 흔히 말하는 심인성 질환이나 장애들은 특히 그러한데 대부분의 어린 시절의 경험들은 시간이 지나면서 망각되기 마련이다. 그러나 망각된 기억흔적들은 결코 기억창고에서 완전히 사라지는 것이 아니다. 의식의 차원에서는 사라졌을지 모르나 잠재의식은 여전히 그러한 과거경험들을 다 기억한다. 그러므로 최면상태에서 활성화되는 잠재의식은 전혀 기억하지 못하는 과거기억을 그대로 재생시킨다. 이것은 마치 어릴 때 찍어두었던 비디오테이프를 재생해서 보거나 컴퓨터나 디스켓에 저장되어 있는 정보를 인출하는 것과 같은 원리이다.

비디오와 컴퓨터의 원리

과거 과학이 발달하기 전에 살던 사람들이나 오늘날에도 비디오나 컴퓨터를 한 번도 접해보지 않았던 사람들은 그러한 비디오의 원리를 전혀 이해하지 못한다. 그래서 작은 비디오테이프와 디스켓 속에 엄청나게 많은 음성과 영상정보가 담겨 있으며 언제라도 필요할 때 그것을 재생해서 보거나 듣고 또 활용할 수 있다는 사실을 이해하지 못한다. 그러나 실제는 어떠한가? 그러한 장비를 다루기 위해서 특별한 교육을 장기간 받아야만 하는가? 결코 그렇지 않다는 것을 독자들은 잘 알 것이다. 오히려 몇 가지 명령어나 간단한 기계조작법만 익힌다면 언제라도 재생할 수 있는 것이다.

오늘날 정보의 바다라고 하는 인터넷의 세계로 들어가 보면 시간과 공간을 초월하여 전세계를 넘나들면서 활용할 수 있는 엄청난 정보의 양에 놀라지 않을 수 없다. 우리의 잠재의식도 마찬가지이다. 그것에 접근하고 활용할 수 있는 지식과 기술이 없기에 무의식의 세계가 생소하게 여겨지지만 사실은 그렇지 않다. 우리에게 필요한 것은 단지 컴퓨터 조작법과 같은 최면 유도의 원리와 기술을 알고 활용할 수 있는 것이다.

다만 여기서 간과해서는 안 되는 점이 한 가지 있는데, 비록 간단한 조작법을 알아 컴퓨터의 정보에 접근할 수는 있다 하더라도 필요한 정보를 적절히 인출하고 또 목적에 맞게 활용하기 위해서는 더 많은 지식과 기술, 그리고 경험이 필요하다. 흔히 컴퓨터를 취급하다가 보면 잠깐의 실수나 조작 미숙으로 순식간에 귀중한 정보들을 날려버리는 당황스러운 일을 얼마든지 경험할 수 있다. 이와 마찬가지로 최면에서도 어느 정도의 교육과 훈련을 통해 잠재의식을 효과적으로 활용할 수 있는 능력을 갖추는 것이 필요하다.

한편 일단 기억으로 되살아난 과거경험들은 그대로 현재 상태에서 재경험될 수 있다. 그래서 과거에 느꼈던 감정이나 감각적 경험들이 현재에 생생하게 되살아난다. 그것은 마치 성인들이 어릴 때 고향에서 뛰어 놀던 장면을 생각하면 가슴이 뭉클해지거나 오래전에 충격 받았던 일을 떠올리고 새삼 가슴 떨리는 감정을 경험하는 것과 같다.

연령퇴행

한편 위에서 살펴본 바와 같이 과거 어릴 때의 연령으로 되돌아가서 그때의 경험들을 재생하게 하는 방법을 최면에서는 연령퇴행이라고 부른다. 이 방법을 통해 경우에 따라 10년 전, 20년 전, 심지어는 모태에서 살던 시기까지 거슬러 올라가는 것이다. 실제의 최면상태에서 그렇게 모태로 돌아가서 그때의 태아경험을 그대로 재생하는 것을 많이 볼 수가 있다.

그런데 특히 태아의 상태를 떠올리는 내담자의 경우를 보면 예부터 전해 내려오는 태교의 중요성을 새삼 실감할 수 있다. 다시 말해서 태아의 상태에서는 어머니의 심리적 상태와 조건, 그리고 신체적 상태까지도 영향을 미친다. 그래서 아기를 가진 어머니가 어떤 몸가짐을 갖고 어떻게 마음을 가져야 하는지를 가르치는 전통적인 태교의 필요성과 중요성은 최면의 입장에서 그 타당성이 충분하다고 할 수 있다.

에너지와 마음의 작용

인간은 늘 에너지를 남기면서 살아간다. 그 에너지는 일종의 정신 에너지라고 할 수 있는데 생활 속에서 매순간 방출되는 에너지는 우리가 의식하지 못하는 가운데 사라져버리는 것 같지만 잠재의식은 추적해낼 수 있다. 그것은 마치 TV나 라디오, 이동통신이 전파를 추적하고 그것을 영상이나 소리로 재생해내는 것과 같은 원리이다. 여기서 말하는 정신 에너지는 동양적인 논리로 말한다면 기(氣)의 개념으로도 설명할 수 있을 것이다.

기는 마음의 작용에 따라 영향을 받아 마음이 가는 곳에 간다고 한다. 그래서 기수련을 하게 되면 기의 흐름을 통제하고 자기가 원할 때 그리고 원하는 방향으로 기를 발산할 수 있게 되는 것이다. 이러한 기의 원리를 병의 치료에 활용하는 것이 바로 기공 또는 기공치료라는 것이다. 마음이 가는 곳에 가는 기는 에너지의 형태로 작용을 하여 물리적인 변화를 일으킨다. 물리적인 변화의 개념에는 신체적·생리적 변화도 포함하는데, 다음과 같은 예를 통해서 기의 작용을 잘 이해할 수 있다.

레몬 실험과 마음의 작용

마음으로 레몬을 생각해보자. 레몬의 색깔과 촉감을 생각하고 느껴보자. 그리고 레몬의 속이 어떻게 생겼는지 그 냄새가 어떤지를 생각하고 느껴보자. 어떤 현상이 일어나는가? 아마도 거의 틀림없이 입 속에 침이 도는 것을 느끼게 될 것이다. 그렇다. 이처럼 무엇을 생각하는 마음이 가는 곳에 기가 가고 기가 가는 곳에 에너지가 작용하고 이 에너지의 작용은 물리적인 변화를 초래한다는 사실을 알 수 있다. 물론 여기서의 물리적인 변화는 침이 흐른다는 신체적·생리적인 변화인 것이다.

물리적인 변화는 결과적으로 병을 치료하는 것으로 나타난다. 병들어 있는 심리나 신체상태, 그것을 마음의 작용을 통해 변화시킬 수 있다는 것이다. 그것은 막연한 상징적인 변화가 아니라 구체적인 물리적 변화인 것이다. 마음에 남아있는 심리적인 상처 그리고 그것에 의해 초래된 각종 질병들은 바로 잠재의식의 작용에 의해 변화될 수 있고 그 변화의 결과는 바로 병이 치료된다는 것이다.

앞에서 언급한 기의 작용도 의식상태보다는 잠재의식상태에서 훨씬 효과적으로 이루어진다. 왜냐하면 어차피 기는 마음에 따라 기능하는데, 그 마음의 작용은 의식상태보다는 최면상태에서 훨씬 집중적이기 때문이다. 최면상태에서 활성화되는 잠재의식은 바로 기의 흐름에 강력하게 영향을 미치게 마련인데, 그 기의 작용은 바로 병의 치료에 직접적인 효과를 발휘하게 된다. 그래서 마음의 충격으로 인해 마음에 각인된 과거의 심리적 외상의 기억흔적은 강력한 마음의 작용, 기의 작용으로 변화되고 치료될 수 있다. 이것이 바로 잠재의식의 힘이요, 최면의 힘이라고 할 수 있다.

흔히 '과거는 흘러갔다'고 한다. 그리고 '흘러간 물은 물레방아를 다시 돌릴 수 없고' '엎질러진 물은 다시 담을 수 없다'고 한다. 그러나 최면의 위력 앞에서는 그러한 논리가 성립되지 않는다. 마음의 힘, 잠재의식의 힘, 기의 힘은 무한하기에 돌이킬 수 없는 과거도 되돌리거나 변화시킬 수 있고 이미 엎질러진 물도 다시 원상태로 담을 수 있다. 이것을 이론적으로 이해하기에는 어려움이 있다. 그래서 직접 경험을 해보는 것이 가장 바람직하다. 경험이 최고의 선생이란 말도 있지 않은가? 특히 정신세계는 경험하지 않으면 이해하기가 어려운 세계이므로 직접적인 경험이 최고이다.

마음의 작용에 의한 신체적 증상

앞에서 마음의 작용이 기의 작용으로 그리고 그것은 에너지의 형태로 나타나서 물리적·신체적인 변화를 초래할 수 있음을 설명하였다. 이러한 논리는 결국 마음의 작용에 의해 신체적 증상이 유발될 수 있음을 설명해준다.

마음의 공식

이상의 논리를 간단히 공식으로 나타내면 다음과 같은 '마음의 공식'으로 나타낼 수 있다.

마음(심리적 작용) → 기의 작용 → 에너지의 흐름
→ 물리적(신체적·생리적) 변화

여기서 심리적 원인에 의해 신체적인 증상이 나타날 수 있는 논리를 읽을 수가 있다. 다시 말해서 위의 그림은 어떻게 해서 마음(생각이나 감정을 포함하는)에서 이루어지는 심리적인 원인이 신체적으로 병을 일으킬 수 있는지를 보여주고 있다. 굳이 이러한 원리에 대해서 잘 모를지라도 우리는 스트레스를 받으면 머리가 아프고 소화가 안 되는 현상을 경험으로 알고 있다.

우리가 일반적으로 잘 알듯이 인간의 신경계통은 교감(交感)신경과 부교감(副交感)신경으로 이루어져 있다. 그런데 교감신경은 스트레스 상황이나 불안, 공포와 같은 위기상황에 주로 활성화되며, 부교감신경은 정상적인 상황에서 기능한다. 이 두 가지의 신경계통은 서로 반대되는 기능을 하며 서로를 억제하는 작용을 하는데, 이를 두고 길항작용(拮抗作用)이라고 부른다. 예를 들어, 우리가 어떤 중요한 일이나 위급한 상황 때문에 불안해하거나 지나치게 신경을 쓰게 되면 교감신경계가 자극받게 되고 그러한 교감신경계의 작용에 의해 아드레날린의 분비가 촉진되고 이에 따라 가슴이 뛰거나 혈압이 올라가고 근육이 긴장하고 몸에 땀이 흐르고 혈액순환이 원활하지 않고 소화가 안 되는 현상들을 경험하게 된다.

마음에서 시작되는 질병

그런데 만약 이러한 일이 계속 반복된다면 우리의 몸은 계속 긴장하게 되고 그 결과로 긴장의 흔적은 없어지지 않고 계속하여 몸에 남아있게 될 것이며, 그것은 결국 병의 형태로 발전하게 된다. 그 병의 상태는 약하게 시작되어 쉽게 치료될 수도 있지만 그대로 방치했을 때는 누적되어 결국은 치명적인 암으로까지 발전한다. 이와 같은 관점에서 본다면 암도 마음에서 오는 심인성이라고 설명할 수 있을 것이다.

오늘날 스트레스라는 것도 따지고 보면 마음의 불안 또는 긴장상태라고 할 수 있는데, 이것은 바로 '편안함(ease)이 아닌 (dis) 마음의 상태'로서 영어식으로 나타내어 본다면 dis-ease이다. 그런데 이것은 결국 질병을 의미하는 disease라는 합성어가 된다. 이를 또 다른 말로 표현한다면 불안·공포와 같은 스트레스로 말미암은 내적인 (나쁜) 심리적 에너지, 즉 (나쁜) 기(氣) 때문에 우리는 곧 '마음이 편치 않는 상태'에 빠지게 되고 그 에너지나 기가 계속 사라지지 않고 신체화되어 표출될 때 결과적으로 '병'을 앓게 되는 것이다.

그런데 병이란 이상하게도 신체의 여러 부분들 중에서 가장 약한 부분, 즉 열성(劣性)의 신체 부분에 잘 나타나는 경향이 있다. 그 열성 부분은 스트레스에 가장 쉽게 그리고 민감하게 영향을 받는 신체 부분이라고 할 수 있다. 그래서 위장이 약한 사람이 스트레스를 많이 받으면 일차적으로 위장의 장애를 겪게 되고, 심장이 약한 사람은 심장의 장애를 겪게 되는 식으로 고통을 경험하게 되는데, 이것이 계속 누적되어 위장병, 심장병이 되는 것이다.

'열성' 부분이란 바로 신체적 에너지가 낮은 곳이라고 설명할 수 있는데, 물이 '낮은 곳'으로 흐르듯이 스트레스라는 나쁜 심리적 에너지는 신체적 에너지가 낮은 신체 부분, 즉 열성부분으로 흐르고 나타나는 것이다. 사람에 따라 그 '낮은 곳'이 다르기 때문에 각자가 스트레스 상황에서 경험하는 증상이 다르다고 할 수 있다.

정신신체적 증상

이쯤에 우리는 또 다시 마음과 신체의 연결성을 말해주는 영어단어인 psychosomatic을 생각해 볼 수 있다. 이것은 마음,

정신을 의미하는 psycho와 몸, 신체를 의미하는 somatic의 합성어인데 결국 생각과 감정을 포함하는 인간의 마음은 신체에 상응하는 반응을 불러일으킨다는 의미를 담고 있는 것이다. 이에 따라 질병 중에서도 특히 마음에서 생긴 병, 즉 심인성 질병을 pschosomatic disease라고 하고, 이를 우리말에서는 '정신신체적 증상'이라고 부른다.

우리는 평소에 정신신체적 증상에 관련된 표현과 실제적 경험을 많이 한다. 그래서 어떤 일이 어렵거나 힘이 들 때 실제로 머리가 아프지는 않더라도 "아이고, 머리야!"라고 말하는데 그만큼 힘이 들고 신경이 많이 쓰인다는 의미인 것이다. 그런데 그러한 표현을 계속하다 보면 '말이 씨가 된다'는 말이 있듯이 실제로 두통을 경험하게 된다. 그러므로 함부로 부정적인 말을 하지 않도록 조심해야 한다.

최면의 질병치료효과

그런데 최면상태에서는 몸과 마음의 긴장이 풀리는 이완상태를 경험하게 된다. 이 이완상태는 바로 부교감신경계의 작용을 활성화한다. 또한 부교감신경계는 주로 정상적이고 일상적인 생명활동을 관장하는데, 교감신경계의 작용에 의해 아드레날린의 분비가 촉진되듯이 부교감신경계가 지배할 때는 엔돌핀이 많이 분비된다. 엔돌핀이란 뇌에서 분비되는 특수 신경화학물질인데, 이것은 일종의 아편성 물질로 인간으로 하여금 고통을 덜 느끼게 할 뿐만 아니라 질병까지도 치료하는 효과를 발휘하는 것으로 알려져 있다.

그런데 앞에서도 언급한 것처럼 교감신경과 부교감신경은 길항작용을 하기 때문에 부교감신경계의 활성화는 결과적으로 스트레스 상황에서 작용하는 교감신경계의 작용을 억제하는 효과를 발휘할 뿐만 아니라 엔돌핀의 작용에 의해 고통의 감소나 질병의 치료와 같은 효과를 초래하는 것이다. 그러므로 부교감신경계가 가장 잘 활성화되는 최면상태에서는 심신의 긴장이 이완되고 스트레스나 불안과 같은 부정적인 심리현상이 감소되거나 극복되면서 아울러 질병이 예방되고 치료되는 효과까지 나타나는 것이다.

최면상태에서 활성화되는 잠재의식의 능력과 기의 작용 또한 거의 무한하기 때문에 최면은 심신의 이완과 병의 치료에 크게 기여한다고 할 수 있다. 그런데 이러한 효과는 굳이 최면상태가 아니라 하더라도 그와 유사한 심적 환경인 명상상태에서도 가능하다. 그래서 명상을 통해 병을 치료하는 사례에 대한 이야기를 많이 듣게 되는 것이다. 이런 맥락에서 보면 최면치료뿐만 아니라 명상도 오늘날의 중요한 대체의학의 하나로 자리를 잡아가고 있는 것이다.

최면감수성을 어떻게 증진시킬 수 있을까?

최면, 특히 전통적 최면에서는 최면감수성이 높은 사람이 최면에 잘 걸린다고 본다. 그렇기에 아무리 최면에 걸리고 싶어도, 또는 아무리 상대방에게 최면을 걸고자 하여도 최면감수성이 낮으면 만족스런 결과를 보기 어렵게 된다. 그러므로 최면감수성을 높이는 것은 최면에 잘 걸리기 위한 조건을 갖추는 것이라고 할 수 있다. 그렇다면 어떻게 해야 최면감수성을 증진시킬 수가 있을까에 대해서 관심을 갖게 되는 것은 당연한 일일 것이다.

여기서는 먼저 최면감수성의 개념에 대해서 알아보고 구체적으로 어떻게 하면 최면감수성을 증진시킬 수 있을지에 대해서 설명하도록 하겠다.

최면감수성의 개념

최면감수성이란 한 개인이 최면적 암시에 얼마나 민감하게 잘 반응하는지를 말하는 개념이다. 최면감수성을 다른 말로 보다 쉽게 설명하면 얼마나 최면에 잘 걸리는지를 설명하는 개념이기도 하다.

이 개념에 따르면 누구든 최면감수성이 높은 사람은 최면에 잘 걸리지만 그와 반대로 최면감수성이 낮은 사람은 최면에 잘 걸리지 않는다고 할 수 있다. 그러므로 최면의 효과를 보기 위해서는 최면감수성이 높은 것이 낫다는 논리가 성립한다. 그래서 최면치료자는 최면을 하기 전에 먼저 피최면자의 최면감수성을 알아보는 검사를 실시하기도 한다.

최면감수성을 알아보는 방법에는 여러 가지가 있는데 그중에서 지필검사가 대표적이다. 그 종류에는 하버드 집단최면감수성검사, 스탠퍼드 최면감수성검사, 칼튼 대학교 암시반응검사, 굿존슨 피암시성검사, 워터루-스탠퍼드 집단최면감수성검사 등 다양하다.

그 외에도 컴퓨터를 통하여 최면감수성을 알아보는 컴퓨터 보조최면검사도 있으며, 눈동자 굴림에 따르는 최면능력을 알아보는 검사도 있다. 이 검사는 특히 피최면자의 눈동자 굴림의 정도에 따른 흰자위의 크기에 근거하여 또는 눈의 사시(斜視) 정도에 따라서 최면감수성을 알아보는 방법이다.

이처럼 최면감수성이 높은 사람이 최면에 잘 걸리고 최면으로 도움받을 확률이 높다고 한다면 평소에 최면감수성이 낮은 사람은 그것을 높일 수 있도록 연습하는 것이 좋을 것이다. 그래서 여기서는 최면감수성을 높일 수 있는 대표적인 방법으로 시각화연습과 최면감수성 실험을 소개하겠다.

시각화연습

앞에서 이미 여러 차례 설명했듯이 기본적인 상상력을 토대로 최면이 이루어지는 것이라면 상상력이 풍부한 사람이 최면에 잘 걸린다고 할 수 있다. 시각화란 상상하기 위한 내면적 과정을 말한다. 그러므로 최면감수성을 높이기 위해서는 다음과 같은 요령으로 시각화 연습을 해보는 것이 도움이 된다.

첫째, 아래와 같은 그림 또는 도형 중의 어느 하나에 시선의 초점을 두고 몇 초간 응시한 후에 눈을 감도록 하라. 그리고 조금 전에 보았던 그림이나 도형을 마음속에 그려 보라.

$$\triangle \quad \square \quad \bigcirc \quad \bigstar \quad \clubsuit$$

둘째, 사과나 귤과 같은 과일, 물잔, 전화기, 자동차와 같이 현재 상황에서 눈으로 볼 수 있는 특정 사물에 집중하라. 그것을 약 5초간 바라본 후에 눈을 감아보라. 그리고 조금 전에 본 사물을 상상하되 가능하면 입체성에 초점을 두도록 하라. 즉, 앞·뒤·옆·위에서 바라보는 모습을 각각 상상해보라.

셋째, 교실에서 공부하거나 사무실이나 일터에서 일하던 모습을 상상해보라. 어느 위치의 어떤 자리에서 어떤 자세나 모습으로 앉아 있거나 서 있는지, 그리고 주변에는 어떤 사람들과 어떤 사물들이 있는지를 구체적으로 상상해보라.

넷째, 지금 살고 있는 집의 모습을 상상해보라. 집의 구조, 방의 모양을 생각해보고 집안에 가구나 물품들이 어떤 것이 있는지 그리고 그 모양을 상상해보라.

다섯째, 자신이 좋아하는 사람의 얼굴 모습을 떠올려보고 구체적으로 이마, 눈썹, 눈동자, 입술 모양 등을 상상해보라.

여섯째, 거울에 비친 자신의 모습이 어떠할지 상상해보라. 가능하면 구체적으로, 신체부위를 하나씩 훑어가면서 상상하고 또 종합적으로도 상상해보라.

최면감수성 실험

여기서는 자기의 최면감수성이 어느 정도인지를 알아볼 수 있을 뿐만 아니라 실제로 최면경험을 하거나 자기최면을 해보기 위한 기초적인 방법을 소개하고자 한다. 최면의 방법은 무수히 많지만 아래의 방법을 연습함으로써 보다 다양한 고급의 방법들을 익힐 수 있는 기본 원리를 배우게 될 것이다. 그리고 이 실습 예는 어디까지나 기본적인 예시와 연습용에 불과한 것이니 보다 전문적으로 최면기법을 익히고자 하는 독자들은 유능한 최면지도자로부터 직접 배우고 실습을 하며 전문서적을 참고해야 할 것이다.

손깍지 끼기

이것은 두 개의 손바닥을 마주보게 한 후에 서로 손가락을 낀 채로 손을 잡게 하는 실습이다.

"자, 눈을 감은 채로 심호흡을 몇 번 해보십시오. 그리고 두 개의 손바닥을 펴십시오. 그리고 상상하십시오. 당신은 두 손바닥에 강력한 접착 본드를 바릅니다. 본드를 칠하는 장면을 상상하고 느껴보십시오. 그리고 본드의 냄새와 촉감을 느껴보십시오. 어때요? 끈적끈적한 상태를 느껴보십시오. 이제 두 손바닥을 서로 붙이되 손가락을 끼어보십시오. 본드끼리 서로 달라붙는 것을 느낄 것입니다. 두 개의 손바닥은 손가락이 낀 채로 붙었습니다. 본드의 힘으로 강력하게 붙었습니다.

이제 심호흡을 하면서, 당신의 손바닥과 손가락이 서로 붙어서 더욱 단단해진다고 느껴보십시오. 강력한 본드의 힘을 느끼십시오. 점점 단단해집니다……점점 단단해집니다……점점 단단해집니다……점점 단단해집니다! 점점 단단해집니다! 이제 단단해졌습니다! 손바닥과 손가락이 딱! 붙었습니다! 강력하게 붙었습니다! 힘 있게 붙었습니다! 힘 있게 붙은 손바닥과 손가락의 힘을 느끼고 경험하십시오. 당신은 느낍니다. 그리고 경험합니다…….

이제 당신은 손을 떼려고 하면 더욱 강하게 손이 서로 붙는 것을 느껴보십시오. 그렇습니다. 손을 떼려고 하면 할수록 더욱 강하게 붙습니다. 점점 더 강하게……

이제 손을 떼십시오. 자, 손을 뗍니다!"

손자석

두 개의 손바닥을 서로 약 3-5cm 정도 떨어진 상태에서 마주보게 하고 눈을 감은 채로 약 1분 정도 가만히 있으면서 심호흡을 하도록 한다. 그때 다음과 같은 유도를 조심스레 하도록 하라.

"자, 이제 당신은 몇 번의 심호흡을 하면서 심신의 이완과 함께 정신을 집중하십시오. 그리고 잠시 후에 모든 의식의 초점을 양 손바닥에 두고 당신의 손바닥을 직접 느껴보십시오. 민감한 사람은 손바닥이 따뜻하거나 화끈거림을 느낄 수가 있습니다. 또는 손바닥에 전기가 통하듯이 찌릿찌릿하거나 따끔거리는 것을 느낄 수도 있습니다. 물론 전혀 아무것도 느끼지 않을 수도 있으니 억지로 무엇을 느껴야겠다고 노력할 필요는 없습니다. 그냥 자연스럽게 느낌이 오는 대로 느껴보십시오."

이제 다시 1~2분의 시간이 경과한 후에 다음과 같은 유도를 계속하라.

"이제 손바닥이 마치 자석처럼 느껴집니다. 그것도 서로

극이 다른 양극과 음극이 서로 잡아당기는 힘으로 작용합니다. 그래서 손바닥이 점점 안으로 빨려들어 가는 것이 느껴집니다. 손바닥이 자석이 되었습니다. 손바닥이 점점 안으로 빨려들어 갑니다. 숨을 빨아들일 때마다 손바닥은 더욱 강력하게 안으로 안으로 빨려들어 갑니다. 강력한 자석의 힘이 느껴집니다……강력한 자석의 흡인력을 느껴보십시오…… 숨을 들이쉴 때마다 손바닥은 서로를 더욱 강하게 잡아당겨 안으로 빨려들어 갑니다. 더 안으로……더 강하게……더 안으로……더 강하게……서서히 손바닥이 서로 붙는 것이 느껴집니다. 손바닥이 서로 붙었습니다. 손바닥이 강력한 힘으로 붙었습니다. 손바닥이 붙었습니다……예……이제 손바닥을 떼려고 하면 할수록 더욱 강력한 힘으로 붙는 것을 느낄 수 있습니다. 예……손바닥이 강력한 힘으로 붙었습니다……느껴보십시오……."

눈꺼풀 붙이기

다음과 같은 요령으로 눈꺼풀 붙이기를 해보자.

"자, 눈을 감은 채로 상상하십시오. 당신은 눈꺼풀에 강력한 접착 본드를 바릅니다. 본드를 칠하는 장면을 상상하고 느껴보십시오. 그리고 본드의 냄새와 촉감을 느껴보십시오. 어때요? 끈적끈적한 상태를 느껴보십시오. 이제 두 눈꺼풀을 서로 붙이고 느껴보십시오. 아래와 위의 눈꺼풀이 서로 달라붙는 것을 느낄 것입니다. 두 개의 눈꺼풀은 서로 강력하게 붙었습니다. 본드의 힘으로 강력하게 붙었습니다.

이제 심호흡을 하면서, 당신의 눈꺼풀이 서로 붙어서 더욱 단단해진다고 느껴보십시오. 강력한 본드의 힘을 느끼십시오. 점점 단단해집니다……점점 단단해집니다……점점 단단해집니다……(강한 어조로) 점점 단단해집니다! 점점 단단해집니다! 이제 단단해졌습니다! 눈꺼풀이 딱! 붙었습니다! 강력하게 붙었습니다! 힘 있게 붙었습니다! 힘 있게 붙은 눈꺼풀의 힘을 느끼고 경험하십시오. 당신은 느낍니다. 그리고 경험합니다…….

이제는 눈을 뜨려고 하면 할수록 두 눈은 더욱 단단하게 붙는다고 느끼십시오. 예……눈을 뜨려고 하면 할수록 눈은 더욱 단단하게 더욱 강력하게 붙습니다……경험하고 느끼십시오…….

이제는 곧 눈을 뜨겠습니다. 눈을 뜨십시오. 자, 눈을 뜹니다!"

매번의 경험이 끝난 후에는 각 경험 동안에 무엇을 느끼고 경험했는지에 대한 소감을 서로 나누고 자신의 경험에 대해서 분석하고 평가해보는 것도 좋다. 그리고 타인의 경험을 들어보면 도움이 된다.

예술과 문학작품에 반영된 최면의 세계

  예로부터 최면은 많은 사람들에게 호기심의 대상이었다. 영화와 소설에서는 사람들의 호기심을 반영하듯 최면을 소재로 한 다양한 스토리를 담아왔다. 또한 최면을 알리는 가장 보편적인 매개체는 텔레비전 프로그램을 비롯한 영화와 소설이기도 하다. 흔히 텔레비전 프로그램은 일과성으로 끝나는 경향이 있지만 특히 영화와 소설은 기록물이기 때문에 오랜 시간동안 사람들에게 관심을 받고 영향을 미친다. 그렇기 때문에 이들 매체들은 가능하면 어떤 사실을 왜곡함 없이 그려야 하는데 아쉽게도 현실은 그와 다른 경우가 많다. 특히 최면과 관련된 내용은 흥미 유발을 목적으로 왜곡된 채 그려지는 경우가 많다.

영화와 연극에서의 최면

　지금까지 최면을 소재로 하는 영화로서 가장 대표적인 것은 앞에서 소개한 바 있는 「스벵가리」(1931)이다. 이것은 사람들에게 '최면은 위험한 것'이라는 왜곡된 인상을 심어준 대표적인 영화이기도 하다.

　이 영화는 원래 소설에서 비롯되었다. 조지 두 모리에가 1894년에 소설 『트릴비』를 쓰고 그 소설에서 주인공 스벵가리를 등장시켰는데, 이것이 베스트셀러가 되었다. 이 소설에서 스벵가리는 실패한 중년의 음악가로서 여성 주인공인 트릴비에게 최면을 걸어 그녀에게 노래를 시키고 범죄를 저지르도록 한다. 이 내용은 후에 영화화되어 존 베리모어가 스벵가리 역할을 맡아 영화 「스벵가리」로 일반에게 공개되었다.

　이 영화에서는 스벵가리를 통해서 사람들에게 최면상태에서는 의식이 잠들기 때문에 아무것도 알 수 없으며, 그래서 피최면자는 자신의 의지와는 상관없이 최면사의 최면암시에 맹목적으로 응할 수밖에 없다는 점을 은연중에 보여주고 있다.

　그러나 이러한 내용은 실제의 최면이나 최면현상과는 거리가 있는 것으로 일반인들에게 최면에 대한 그릇된 인상을 심어줄 우려가 있다. 그래서 '스벵가리 효과'란 최면에 대한 오해를 의미하는 말로서, 즉 최면사의 의지에 반(反)하여 최면이 사용될 수 있다는 최면에 대한 잘못된 인식을 보여주는 용어가 되었다.

영화 「그림자 없는 저격자」의 포스터.

최면에 대한 왜곡된 인상을 심어주는 또 다른 영화로서 널리 알려진 예는 「그림자 없는 저격자」이다. 이 영화의 원제는 「The Manchurian Candidate」인데, 이 말은 우리말로 '꼭두각시'로 번역된다. 이 영화는 원래 같은 제목의 소설(리차드 콘돈 작)에 바탕하여 만들어졌다. 이 영화는 존 프랑켄하이머가 감독한 1962년 작품으로 특히 프랭크 시내트라를 비롯한 명배우들이 출연하여 매우 높은 평가를 받은 걸작이다.

특히 이 작품은 우리 나라와 6.25 전쟁에 관련한 것이라는 점에서 흥미롭다. 내용은 한국전에 참전한 일단의 병사들이 전쟁 영웅이 되어 귀국하지만 그들은 모두 러시아와 중국인들에 의해 납치·세뇌 당했고, 그들 중 훈장까지 받은 레이몬드 쇼는 무의식중에 암살자로 교육받았다. 쇼와 같이 납치되었던 마코 소령은 몇 달 간 이상한 악몽을 꾼 뒤, 자신과 동료들에게 무슨 일이 일어났는지 짐작하게 되며, 그후 그는 쇼에 접근하고 쇼 역시 무의식적으로 암살 계획에 말려든다는 내용이다. 영화에서는 암살자가 프로그램되어 있어서 그는 최면이 끝난 후에도 어떤 것에 의해서 촉발이 되어 반응을 하며 살인을 저지르지만 나중에는 이것을 기억하지 못한다.

최근의 영화로서는 영화 「굿 윌 헌팅」을 비롯한 몇 작품을 꼽을 수 있다. 먼저 「굿 윌 헌팅」은 1997년 작품인데 구스 반 산트가 감독하고 로빈 윌리엄스 등이 출연했다. 이 영화의 줄거리는 고아인 윌 헌팅이 양부의 학대를 받으며, 누구와도 바람직한 인간관계를 맺지 못하고 자라면서 불우한 청년 시절을 보내지만 상담과 치료를 통해 새롭게 자신을 찾는다는 휴먼 스토리이다. 윌은 MIT 대학의 청소부로 비뚤어진 자아와 행동으로 밑바닥 인생을 살고 있다. 그래서 그는 불같은 성질의 사나운 카리스마를 가졌고 자신조차 제어하지 못할 정도로 반항적이다. 그러나 그의 비범한 수학적 재능과 통찰력을 발견한 MIT 대학의 수학 교수가 친구에게 상담을 의뢰하면서 이야기가 전개된다. 심리학 교수인 숀 맥과이어가 주인공을 상담하는데 이 과정에서 최면을 사용하는 장면이 나온다.

그 다음에는 「내겐 너무 가벼운 그녀」(2001년 작)를 꼽을수 있는데, 이는 바비와 피터 패럴리 형제가 감독을 한 코미디 영화이다. 기네스 팰트로우 등이 출연하는 이 영화에서 주인공 할은, 자신의 여자친구는 반드시 날씬하고 예쁜 절세미녀여야 한다는 생활신조를, 비록 호응해주는 여자는 없었지만꿋꿋이 지키며 살아왔다.

그러던 어느 날, 우연히 그는 유명한 심리상담사 앤서니 로빈스와 함께 고장 난 승강기에 갇히게 된다. 로빈스는 할의 문제를 단번에 해결하는 최면요법을 선사하고, 바로 그 날 할 앞에 세상에서 가장 아름다운 여인 로즈마리가 나타난다. 그러나 궁극적으로 이 영화에서는 '외모보다는 사람의 마음을 볼수 있어야 한다'는 당연하면서도 잊기 쉬운 진실을 일러주고있다.

추가적으로, 이 영화에서 주목할 만한 사항은 최면적 기법을 활용하는 자기개발과 성공학 분야에서 유명하며 『네 안에 잠든 거인을 깨워라』는 슈퍼베스트셀러를 저술한 앤서니 로빈스가 직접 출연하여 주인공에게 최면을 거는 모습이다. 미국에서의 그의 인기를 감안하면 이 영화에서 그의 모습을 직

영화 「내겐 너무 가벼운 그녀」의 포스터.

접 본다는 것은 하나의 행운이 아닐 수 없다.

영화 「환생」(1991년 작)은 캐네스 브래너가 감독을 하면서
직접 출연하여 주연을 맡기도 한 것으로 동양적인 윤회사상을
기조로 하는 미스터리 작품이다. 인과응보의 결말 구조나 생

을 거듭하면서 이어지는 사랑을 바탕으로 한 인연설, 천국과 지옥이라는 가톨릭적 사상이 아닌 환생설에 대한 믿음 등은 더없이 동양적이라고 하겠다.

어느 수도원에 기억을 잃어버린 한 여인이 들어온다. 그 여인은 밤마다 악몽에 시달리다 비명을 지르며 깨곤 한다. 그녀를 딱하게 여긴 수도원의 티모시 신부는 수도원에서 어린 시절을 보낸 사립탐정 마이크에게 그녀의 가족을 찾아달라고 부탁한다.

그러던 어느 날, 그녀의 가족을 찾는다는 신문 광고를 보고 골동품점을 하는 최면사인 매디슨이 나타나 그녀에게 최면을 걸어 기억을 되살리려고 한다. 그런데 이상하게도 그녀는 현생이 아닌 전생의 생활을 기억한다. 그녀는 계속되는 체면으로 유명한 음악가였던 로먼과 마가렛이란 부부의 실제 살인사건을 얘기해간다는 내용이다.

또 다른 영화 「스터 오브 에코」(1999년 작)는 데이빗 코엡 감독, 케빈 베이컨 등이 출연하는 미스터리 영화로 주인공인 톰 위츠키는 아내 매기 그리고 다섯 살 난 아들 제이크와 시카고에 살고 있는 평범한 가장이다……그러나 이들의 평안한 일상은 톰이 단 한 번의 최면에 걸리면서 깨지고 만다. 이웃집 파티에서 톰의 처제 리사는 그에게 최면을 걸고 톰은 보통사람이 볼 수 없는 또 다른 세계에 눈을 뜬다. 톰은 무시무시한 환영을 경험하게 되고 초자연의 미스터리한 세계에서 허우적거리게 된다.

1997년 구로사와 기요시가 감독한 「큐어」라는 일본 영화는 도쿄에서 벌어진 기이한 연쇄 살인을 다룬다. 피해자들은 모두 같은 방식으로 죽음을 당하고 범행을 저지른 자들은 사건 정황을 기억하지 못한다. 이때 다가베 형사는 의과대학을 다니던 정신분열증 환자 마미야를 용의자로 지목한다. 최면에 심취했던 마미야는 방랑하며 만나는 사람마다 최면을 걸어 살인을 명령한다. 용의자와 대질심문을 벌이는 다가베 형사는 점차 최면이라는 정신적 덫에 걸려든다. 그리고 공포스런 내용이 전개된다.

그리고 또 다른 일본 영화인 「최면」은 마츠오카 케이스케의 베스트셀러 동명소설을 영화화한 것으로, 1999년에 오이아치 마사유키가 감독을 한 것인데 도무지 원인을 알 수 없는 의문의 변사사건이 각지 여기저기에서 일어나면서 영화가 시작된다. 시체들은 모두가 자살을 한 듯 보이지만 경찰은 그 자살방법에 대해서 도저히 해명하지 못한다. 뼈가 전부 부러질 때까지 달린 여자 육상선수, 두께가 10센티나 되는 창문을 부수고 뛰어내린 남자, 결혼식 피로연 중에 목을 매고 죽은 신랑까지 모두가 납득이 안가는 사건들이 연속적으로 일어난 것이다. 그리고 이들은 모두 죽으면서 '녹색의 원숭이'라는 말을 남긴다. 심리 카운슬러인 사가 토시야는 이 사건들이 최면암시에 의한 것일지도 모른다고 보고, 조사계의 사쿠라이 형사에게 협력을 부탁한다.

그러던 어느 날, 사가와 사쿠라이 형사는 "녹색원숭이에게 당했다"라고 말을 하는 여자의 목소리를 TV에서 듣게 된다. 그리고 최면에 의해 꼭두각시 인형처럼 되어버린 젊은 여성 유카를 보게 된다. 그녀는 "나는 우호적인 우주인이다"라는 알 수 없는 말을 하기 시작하고 사가는 그녀에게서 상상도 할 수 없는 공포감을 느낀다. 이 작품은 앞에서 소개한 구로사와 기요시 감독의 「큐어」를 연상케 하는 심리 서스펜스물이다.

한편 영화와는 별도로 연극 분야에서도 최면을 소재로 한 것이 있는데, 대표적인 것으로는 1983년과 1999년에 우리 나라에서 공연되어 화제가 된 연극 작품 「신의 아그네스」를 꼽을 수 있다. 이 연극은 존 필미어가 쓴 것으로 브로드웨이에서 크게 히트했고 할리우드에서 영화로도 만들었으며, 한 설문 조사에 의하면 우리 나라 연극계에서 '다시 보고 싶은 연극' 1위에 오른 작품이기도 하다.

연극은 한 수녀원에서 갓 낳은 아기를 휴지통에 내버린 사건이 나면서부터 시작된다. '범인'은 나이가 어린 아그네스 수녀였지만, 그녀는 자기가 한 일을 아무것도 기억하지 못한다. 닥터 리빙스턴은 정신분석과 최면요법을 동원하여 현대의학의 힘으로 범죄 경과를 캐내려 한다. 그러나 수녀원장은 신앙과 기적에 대한 믿음으로 아그네스를 감싼다는 줄거리다.

이 연극에서의 초점은 세 인물들 간의 긴장이다. 그리고 이 연극은 아기 아버지나 범인을 찾는 수사극이 아니므로 오히려 관객은 신에 대한 믿음과 현대과학·이성 중 어느 편에 들 것인가 하는 선택을 제안받는다.

소설에서 그려지는 최면의 세계

소설에서 최면이 다루어지는 예를 보면, 먼저 국내 소설로서는 최근에 조경란이 2001년에 펴낸 『우리는 만난 적이 있다』(문학과 지성사)를 들 수 있다. 이 소설의 내용은 주인공 강운이 죽음을 앞둔 엄마로부터 자신의 생년월일이 1969년 12월 31일이 아니라 1968년 12월 31일이라는 말을 듣고 자아의 탄생 자체를 의심하기 시작하여, '나는 누구인가'라는 존재론적 질문을 제기하고 그 질문을 풀어가는 과정을 최면과 전생 체험이라는 신비주의적 시선으로 그리고 있다. 작가 특유의 뛰어난 상상력으로 형상화한 강렬하고도 비밀스런 전생 체험과 삶의 의미를 찾아 나선 주인공의 끝없는 방황의 이야기가 섬세하면서도 세밀한 문체로 펼쳐진다.

한편 소설 『미드나이트 시즌』(스티븐 킹 저, 공경희 역, 대산출판사, 1999)에서는 자기최면의 불가사의한 힘의 세계를 내용으로 한다. 뉴욕을 휩싸는 음산한 겨울 날씨에 기묘한 분위기를 풍기는 클럽에서 희한한 이야기들이 오간다. 그곳에선 크리스마스 전날 밤에 유독 이상한 얘기들을 나누곤 하는데, 그때 나온 한 이야기가 1930년대의 뉴욕, 경제공항 직후 병원을 개업한 의사에게 20대 아가씨가 찾아오면서 시작된다.

임신이라는 진단이 내려지지만 이 미혼의 아가씨는 중절수술을 하지 않고 아기를 낳으려고 한다. 확고한 의지와 신념을 가진 이 여인에게 감탄한 의사는 당시로서는 새로운 방법인 라마즈 호흡을 가르쳐 준다. 그리고 진통을 하던 날, 도로가 온통 눈으로 얼어붙어 택시를 타고 병원으로 가던 여자는 교통사고로 목이 잘린 채 사망하고 만다. 그러나 그녀의 몸뚱이는 거칠게 숨을 몰아쉬며 분만을 시작하는데……, 마지막 대목의 으스스한 분위기가 독자를 사로잡는다.

일본 소설을 번역한 『최면』(김국진 역, 룩스북, 1999)은 마쓰오카 게스케가 저술한 2권으로 된 사이코 미스터리 소설 시리즈인데 이리에 유카라는 여자가 자신은 녹색원숭이의 최면에 걸린 우주인이라며 최면을 풀어달라고 말한다. 그녀는 타인의 생각을 읽을 수 있는 능력이 있다.

그녀 주변에는 살인사건과 거액의 횡령사건이 벌어지고, 그녀를 둘러싸고 최고의 민완형사와 최면전문가가 벌이는 대결을 사실적으로 그렸다. 이 소설은 일본에서 천만 부 이상 팔린 베스트셀러로서 작가 자신이 최면전문가이기도 하고, 비교적 그 내용이 사실적이라는 점에서 의미가 있다.

참고문헌

고제원,『최면과 최면 수사』, 학지사, 2003.

김영국,『최면술을 알면 인생이 바뀐다』, 평단문화사, 1998.

변영돈,『행복하기엔 결코 늦지 않았습니다』, 청림출판사, 1991.

류한평,『자기최면』, 한일출판사, 1970.

_____,『최면교실』, 비즈니스아카데미, 1993.

_____,『류한평 박사의 최면비디오·오디오』, 비엠코리아, 1998.

설기문,『최면과 전생퇴행』, 정신세계사, 1998.

_____,「최면에 대한 이해와 최면상담적 접근」,『학생연구』 27, 동아대학교 학생생활연구소, 1999.

_____,『최면과 최면치료』, 학지사, 2000.

_____,「Milton H. Erickson의 비지시적 최면치료에 있어서의 인간중심의 원리」『상담 및 심리치료』 14(2), 한국심리학회 상담 및 심리치료학회, 2002.

_____,『자기혁신을 위한 NLP 파워』, 학지사, 2003.

엄영문,『최면길라잡이』, 동서고금, 2002.

_____,『최면을 알면 시험점수 100% 올라간다』, 미래사, 2000.

후지모토 마사오, 홍영의 역,『최면술과 인간관계-암시의 위력』, 팬더북, 1995.

최면의 세계

| 펴낸날 | 초판 1쇄 2003년 9월 30일 |
| | 초판 5쇄 2014년 2월 14일 |

지은이	**설기문**
펴낸이	**심만수**
펴낸곳	**㈜살림출판사**
출판등록	**1989년 11월 1일 제9-210호**

주소	**경기도 파주시 광인사길 30**
전화	**031-955-1350** 팩스 **031-624-1356**
기획·편집	**031-955-4662**
홈페이지	**http://www.sallimbooks.com**
이메일	**book@sallimbooks.com**

| ISBN | 978-89-522-0138-6 04080 |

126 초끈이론 아인슈타인의 꿈을 찾아서

박재모(포항공대 물리학과 교수)·현승준(연세대 물리학과 교수)

빠르게 발전하고 있는 초끈이론을 일반대중이 이해할 수 있도록 쉽게 풀어쓴 책. 중력을 성공적으로 양자화하고 모든 종류의 입자와 그들 간의 상호작용을 포함하는 모형으로 각광받고 있는 초끈이론을 설명한다. 초끈이론을 이해하기 위해 필요한 양자역학이나 일반상대론 등 현대물리학의 제 분야에 대해서도 알기 쉽게 소개한다.

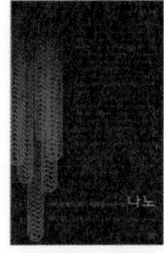

125 나노 미시세계가 거시세계를 바꾼다

이영희(성균관대 물리학과 교수)

박테리아 크기의 1000분의 1에 해당하는 크기인 '나노'가 인간 세계를 어떻게 바꿔 놓을 것인지에 대한 해답을 제시하는 책. 나노기술이란 무엇이고 나노크기의 재료들은 어떻게 만들어지는가, 나노크기의 재료들을 어떻게 조작해 새로운 기술들을 이끌어내는가, 조작을 통해 어떤 기술들을 실현하는가를 다양한 예를 통해 소개한다.

448 파이온에서 힉스 입자까지

이강영(경상대 물리교육과 교수)

누구나 한번쯤 '우주는 어디에서 시작됐을까?' '물질의 근본은 어디일까?'와 같은 의문을 품어본 적은 있을 것이다. 물질과 에너지의 궁극적 본질에 다가서면 다가설수록 우주의 근원을 이해하는 일도 쉬워진다고 한다. 이 책은 바로 이러한 질문들의 해답을 찾기 위해 애쓰는 물리학자들의 긴 여정을 담고 있다.

035 법의학의 세계

이윤성(서울대 법의학과 교수)

최근 드라마나 영화를 통해 일반인의 호기심을 자극하고 있지만 거의 알려지지 않은 법의학을 소개한 책. 법의학의 여러 분야에 대한 소개, 부검의 필요성과 절차, 사망의 원인과 종류, 사망시각 추정과 신원확인, 교통사고와 질식사 그리고 익사와 관련된 흥미로운 사건들을 통해 법의학에 대한 이해를 돕는다.

395 적정기술이란 무엇인가 `eBook`

김정태(적정기술재단 사무국장)

적정기술은 빈곤과 질병으로부터 싸우고 있는 전 세계의 사람들에게 희망을 안겨주는 따뜻한 기술이다. 이 책에서는 적정기술이 탄생하게 된 배경과 함께 적정기술의 역사, 정의, 개척자들을 소개함으로써 적정기술에 대한 기본적인 이해를 돕고 있다. 소외된 90%를 위한 기술을 통해 독자들은 세상을 바꾸는 작지만 강한 힘이란 무엇인가에 대해서 알 수 있을 것이다.

022 인체의 신비

이성주(코리아메디케어 대표)

내 자신이었으면서도 여전히 낯설었던 몸에 대한 지식을 문학, 사회학, 예술사, 철학 등을 접목시켜 이야기해 주는 책. 몸과 마음의 신비, 배에서 나는 '꼬르륵' 소리의 비밀, '키스'가 건강에 이로운 이유, 인간은 왜 언제든 '사랑'할 수 있는가에 대한 여러 학설 등 일상에서 일어나는 수수께끼를 명쾌하게 풀어 준다.

036 양자 컴퓨터 `eBook`

이순칠(한국과학기술원 물리학과 교수)

21세기 인류 문명에서 가장 중요한 요소 중의 하나로 꼽히는 양자 컴퓨터의 과학적 원리와 그 응용의 효과를 소개한 책. 물리학과 전산학 등 다양한 학문적 성과의 총합인 양자 컴퓨터에 대한 이해를 통해 미래사회의 발전상을 가늠하게 해준다. 저자는 어려운 전문용어가 아니라 일반 대중도 이해가 가능하도록 양자학을 쉽게 설명하고 있다.

214 미생물의 세계 `eBook`

이재열(경북대 생명공학부 교수)

미생물의 종류 및 미생물과 관련하여 우리 생활에서 마주칠 수 있는 여러 현상들에 대해, 알기 쉽게 풀어 설명한다. 책을 읽어나가며 독자들은 미생물들이 나름대로 형성한 그들의 세계가 인간의 그것과 다름이 없음을, 미생물도 결국은 생물이고 우리와 공생하고 있다는 사실을 알 수 있을 것이다.

375 레이첼 카슨과 침묵의 봄　eBook

김재호(소프트웨어 연구원)

『침묵의 봄』은 100명의 세계적 석학이 뽑은 '20세기를 움직인 10권의 책' 중 4위를 차지했다. 그 책의 저자인 레이첼 카슨 역시 「타임」이 뽑은 '20세기 중요인물 100명' 중 한 명이다. 과학적 분석력과 인문학적 감수성을 융합하여 20세기 후반 환경운동에 절대적 영향을 준 레이첼 카슨과 『침묵의 봄』에 대한 짧지만 알찬 안내서.

277 사상의학 바로 알기　eBook

장동민(하늘땅한의원 원장)

이 책은 사상의학이라는 단어는 알고 있지만 심리테스트 정도의 흥밋거리로 알고 있는 사람들에게 바른 상식을 알려 준다. 또한 한의학이나 사상의학을 전공하고픈 학생들의 공부에 기초적인 도움을 준다. 사상의학의 탄생과 역사에서부터 실생활에서 적용할 수 있는 간단한 사상의학의 방법들을 소개한다.

356 기술의 역사 　뗀석기에서 유전자 재조합까지

송성수(부산대학교 기초교육원 교수)

우리는 기술을 단순히 사물의 단계에서 생각하기 쉽다. 하지만 기술에는 인간의 삶과 사회의 배경이 녹아들어 있다. 기술의 역사를 통해 우리는 기술과 문화, 기술과 인간의 삶을 연결시켜 생각할 수 있게 될 것이다. 이 책을 읽은 후 주변에 있는 기술을 다시 보게 되면, 그 기술이 뭔가 다른 느낌으로 다가올 것이다.

319 DNA분석과 과학수사　eBook

박기원(국립과학수사연구소 연구관)

범죄수사에서 유전자분석에 대한 관심이 커지고 있지만 간단하게 참고할 만한 책은 거의 없는 실정이다. 이 책은 적은 분량이지만 가능한 모든 분야와 최근의 동향을 소개하고 있다. 특히, 내용의 이해를 돕기 위하여 서래마을 영아유기사건이나 대구지하철 참사 신원조회 등 실제 사건의 감정 사례를 소개하는 데도 많은 비중을 두었다.

eBook 표시가 되어있는 도서는 전자책으로 구매가 가능합니다.

(주)살림출판사
www.sallimbooks.com
주소 경기도 파주시 문발동 522-1 | 전화 031-955-1350 | 팩스 031-955-1355